GUERREIRO PACÍFICO
Em Quadrinhos

DAN MILLMAN

GUERREIRO PACÍFICO

Em Quadrinhos

Tradução

MARCELO BRANDÃO CIPOLLA E
DANIEL EITI MISSATO CIPOLLA

Editora
Pensamento
SÃO PAULO

Título original: *Peaceful Warrior*

Publicado originalmente nos EUA por HJ Kramer, INC., PO Box 1082, Tiburon, CA 94920 USA

Esta história em quadrinhos representa diversos atos que acarretam riscos de ferimentos físicos. O autor, o ilustrador e a editora alertam os leitores jovens para que evitem procurar reproduzir quaisquer saltos mortais e outros movimentos perigosos que possam encontrar nesta história em quadrinhos ou em qualquer outra narrativa de ficção.

Os fatos e diálogos aqui apresentados, baseados na história narrada no livro *O Caminho do Guerreiro Pacífico*, foram adaptados para a linguagem da história em quadrinhos e, portanto, sofreram modificações.

Ilustrações da capa e do miolo: Andrew Winegarner
Projeto da capa: Leslie Waltzer e Mary Ann Casler
Cores da capa: Sandra Fremgen
Coordenação Editorial: Denise de C. Rocha Delela e Roseli de Sousa Ferraz
Revisão: Yociko Oikawa
Diagramação: Join Bureau

Dados Internacionais de Catalogação na Publicação (CIP)
(Câmara Brasileira do Livro, SP, Brasil)

Millman, Dan
Guerreiro pacífico: em quadrinhos / Dan Millman ; tradução Marcelo Brandão Cipolla e Daniel Eiti Missato Cipolla ; [Ilustrações Andrew Winegarner]. – São Paulo: Pensamento, 2011.

Título original: Peaceful warrior : the graphic novel.
ISBN 978-85-315-1750-1

1. Histórias em quadrinhos 2. Vida espiritual – Histórias em quadrinhos I. Winegarner, Andrew. II. Título.

11-08156 CDD-741.5

Índices para catálogo sistemático:
1. Histórias em quadrinhos 741.5

O primeiro número à esquerda indica a edição, ou reedição, desta obra. A primeira dezena à direita indica o ano em que esta edição, ou reedição, foi publicada.

Edição
1-2-3-4-5-6-7-8-9-10-11

Ano
11-12-13-14-15-16-17-18-19-20

Direitos de tradução para língua portuguesa
adquiridos com exclusividade pela
EDITORA PENSAMENTO-CULTRIX LTDA.
Rua Dr. Mário Vicente, 368 — 04270-000 — São Paulo, SP
Fone: 2066-9000 — Fax: 2066-9008
E-mail: atendimento@pensamento-cultrix.com.br
http://www.pensamento-cultrix.com.br
que se reserva a propriedade literária desta tradução.
Foi feito o depósito legal.

Introdução

Meu primeiro livro, *O Caminho do Guerreiro Pacífico* (publicado pela Editora Pensamento), continua chamando a atenção dos leitores mesmo tendo passado décadas desde sua primeira publicação. O filme *O Guerreiro Pacífico* pode ser encontrado em toda parte. Nesse caso, por que acrescentar uma história em quadrinhos a esse pacote de sucesso?

Para começar, sempre adorei a arte e os balões de diálogo das revistas em quadrinhos. Quando era criança, foi o *Super-Homem* que me encorajou a ler. Depois, *Archie e Veronica, Batman* e uma série de outros super-heróis me inspiraram e divertiram durante meu tempo de escola e serviram como prazeres proibidos durante a faculdade. Esse meu gosto, mais que qualquer outra coisa, criou em mim a vontade de tentar atingir um público novo, que inclui todas as pessoas que apreciam histórias ilustradas mas talvez não estejam dispostas a ler um livro longo. Em resumo, a ideia de uma história em quadrinhos existe há anos. Mas então aconteceu algo que finalmente deu a faísca de ignição deste projeto.

Em 1990, escrevi um roteiro – minha visão de como *O Caminho do Guerreiro Pacífico* poderia ser adaptado para o cinema. Apresentei meu roteiro ao produtor que havia comprado os direitos de filmagem, mas, como frequentemente acontece nos projetos cinematográficos, outros escritores foram tomando meu lugar enquanto o projeto se desenvolvia e meu roteiro acabou não sendo usado.

O Guerreiro Pacífico em Quadrinhos é minha oportunidade de compartilhar a visão que sempre tive do filme. É, no conjunto, a mesma narrativa de transformação que milhões de pessoas já leram, mas tem muitos elementos e cenas que não se encontram nem no livro nem no filme. Com a colaboração do ilustrador Andrew Winegarner, pude mostrar e contar a história de maneira completamente nova.

Você está prestes a entrar na aventura de Dan, na qual Sócrates e Joy guiam-no pelo caminho do guerreiro pacífico – uma estrada misteriosa, que cruza vales sombrios – enquanto Dan procura pelo portal que leva a uma realidade mais luminosa. Nesse processo, você descobrirá que dentro de todos nós reside o coração pacífico e o espírito guerreiro.

– Dan Millman

UMA FLORESTA NUM PLANALTO QUALQUER DA SIERRA NEVADA.

"MEU NOME É DAN MILLMAN. ESCREVO ESTAS NOTAS PARA O CASO DE NÃO SOBREVIVER AO QUE ME AGUARDA. ESTOU PRÓXIMO DO FIM DE UMA LONGA JORNADA.
ELA PODE TER COMEÇADO HÁ MUITAS VIDAS...
... OU TALVEZ NUM DIA DE VERÃO, QUANDO EU TINHA 9 ANOS."

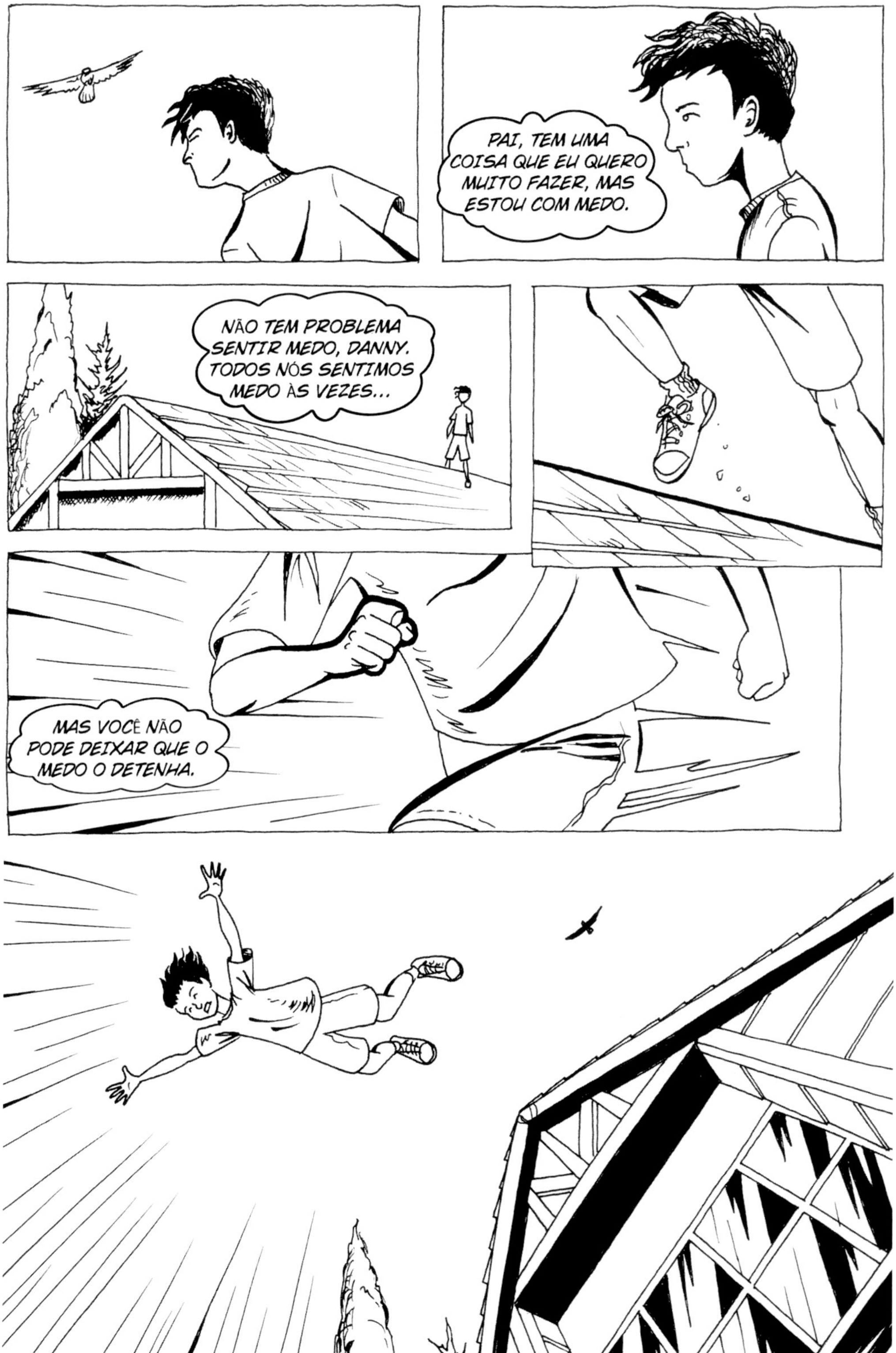
PAI, TEM UMA COISA QUE EU QUERO MUITO FAZER, MAS ESTOU COM MEDO.
NÃO TEM PROBLEMA SENTIR MEDO, DANNY. TODOS NÓS SENTIMOS MEDO ÀS VEZES...
MAS VOCÊ NÃO PODE DEIXAR QUE O MEDO O DETENHA.

DEZ ANOS DEPOIS...
NISSAN
CHAMPS SPORTS
NIK
CONFERÊNCIA DOS CAMPEÕES
BERKELEY, CALIFÓRNIA
Cal
A APRESENTAÇÃO DE DAN MILLMAN CONCLUI O SALTO SOBRE O CAVALO.
CONFERÊ
BERKEL
AGORA, DEZ MINUTOS DE AQUECIMENTO PARA O ÚLTIMO EVENTO: A BARRA FIXA.

É ISSO AÍ, DAN!
OBRIGADO, SID!
MUITO BEM, MILLMAN.
OBRIGADO, TREINADOR.
SE TODOS FOREM BEM, TEMOS CHANCE DE GANHAR.
TREINADOR? TELEFONE PARA UM TAL DE DAN MILLMAN.
ELE NÃO PODE ATENDER AGORA.
É A MÃE DELE. PARECE PREOCUPADA.
TUDO BEM, VOU FALAR COM ELA.
ALÔ? SRA. MILLMAN? AQUI É ERNIE LOPEZ.
DAN ESTÁ COMPETINDO AGORA. O QUE ACONTECEU?
MEU DEUS, SINTO MUITO.
SIM, É CLARO.
ELE VAI LIGAR ASSIM QUE PUDER.
ALGUM PROBLEMA?
O PAI DO DAN MORREU. ACHAM QUE SOFREU UM INFARTO.
VAI CONTAR A ELE?
AINDA NÃO. DEPOIS DA COMPETIÇÃO – ELE TREINOU MUITO PARA ESTAR AQUI.
HOMENS

CUMPRIMENTO AOS JUIZES.
CONFERÊNCIA DOS CAMPEÕES
BEKERLEY, CALIFÓRNIA
... UM INFARTO...
... ACHAM QUE SOFREU...
ALGUM PROBLEMA?
... PAI DO DAN MORREU...
... UM INFARTO...
ALGUM PROBLEMA?
... UM INFARTO...
... ACHAM QUE SOFREU...

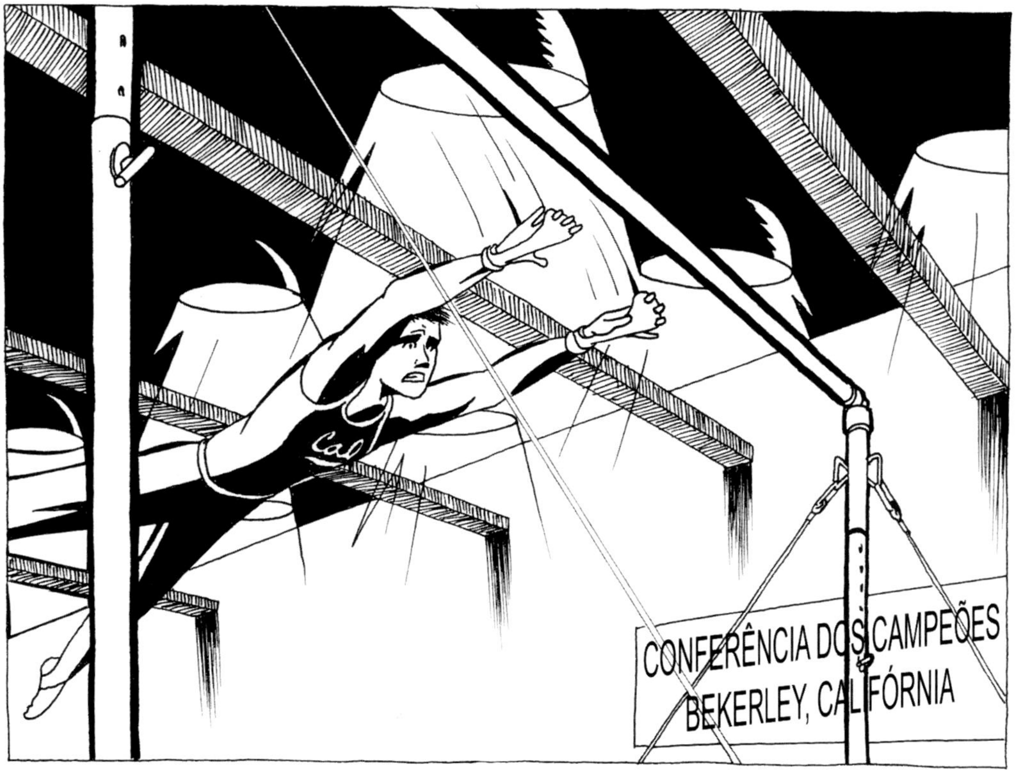
Cal
CONFERÊNCIA DOS CAMPEÕES
BEKERLEY, CALIFÓRNIA

WHUMP!

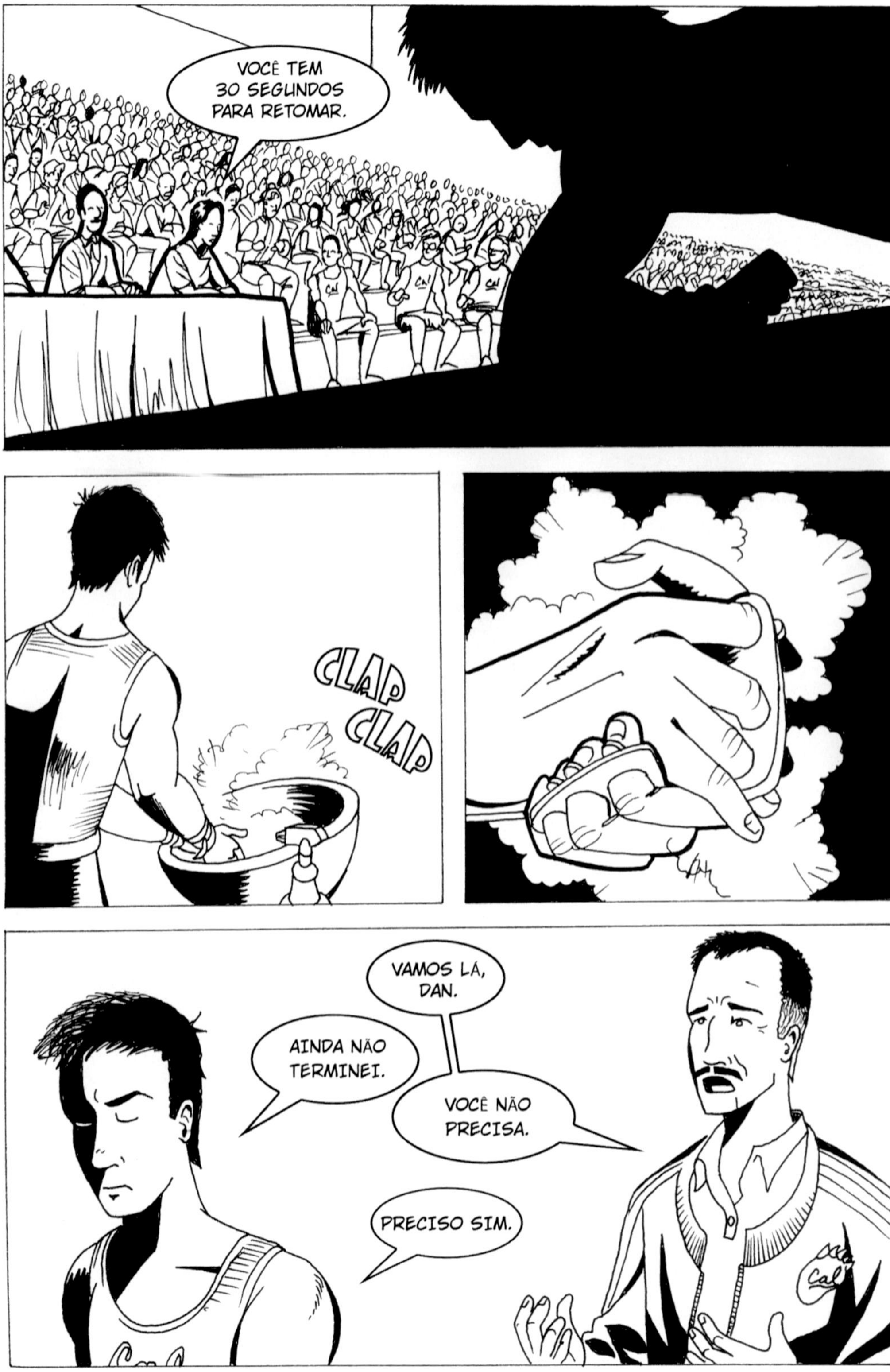
VOCÊ TEM
30 SEGUNDOS
PARA RETOMAR.
CLAP
CLAP
VAMOS LÁ,
DAN.
AINDA NÃO
TERMINEI.
VOCÊ NÃO
PRECISA.
PRECISO SIM.

MAIS TARDE, NO VESTIÁRIO...
DESCULPE, TREINADOR. FRACASSEI.
VOCÊ FEZ O MELHOR QUE PÔDE.
TENHO DE IR PARA CASA POR ALGUNS DIAS. PARA O ENTERRO DO MEU PAI.
FIQUE LÁ O TEMPO QUE PRECISAR.
DIAS DEPOIS, NA CAPELA FUNERÁRIA...

AAAHH!!!
?!?!
POSSO AJUDÁ-LO?
O QU...?
QUEM?

?
OBRIGADO. EU... ACHO QUE TROPECEI. JÁ ESTOU BEM.
AAAHH!!!

AAAHH!!!
GLUP!
AI, AI!

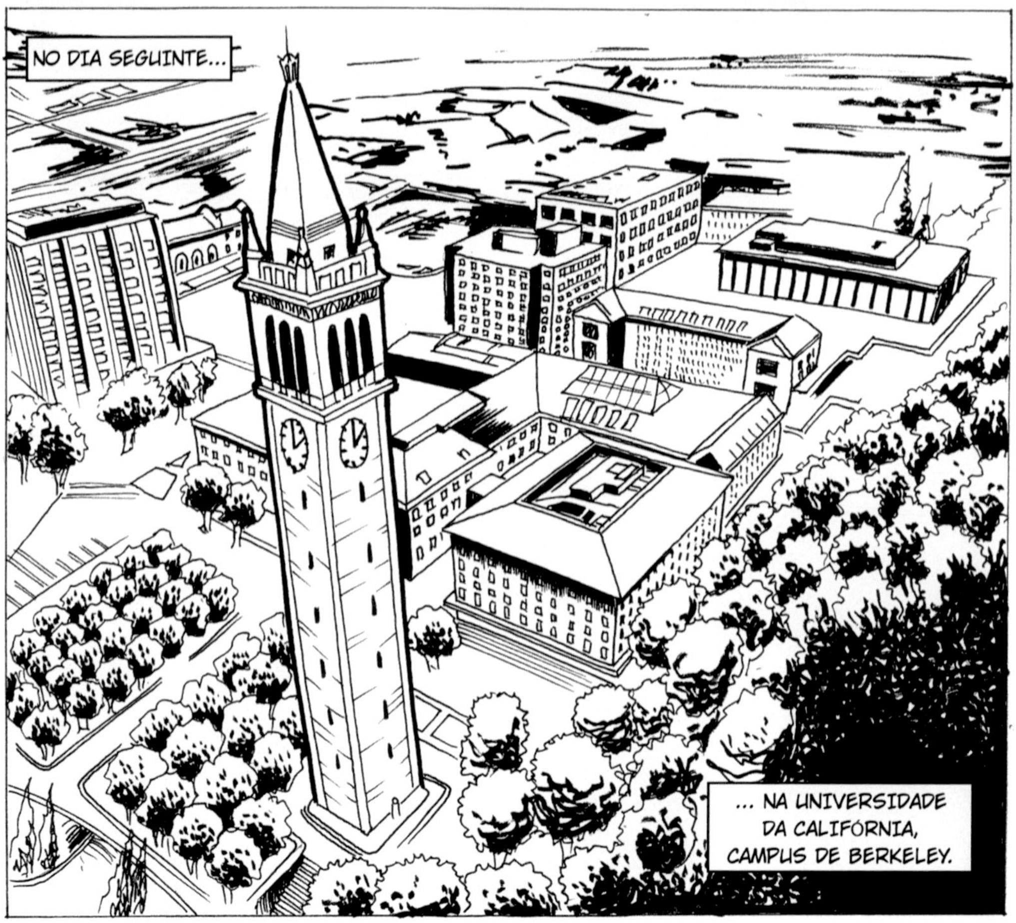
NO DIA SEGUINTE...
... NA UNIVERSIDADE
DA CALIFÓRNIA,
CAMPUS DE BERKELEY.

NO EDIFÍCIO WHEELER...
E ESSES MESMOS MOVIMENTOS PLANETÁRIOS REFLETEM FORÇAS DENTRO DO ÁTOMO.
É ISSO. BOM FIM DE SEMANA. NA SEGUNDA, PROVA SOBRE O CAPÍTULO 6.
EI, DAN - A AULA ACABOU. VAMOS?
AH... VAMOS, SID. JÁ ESTOU INDO.

POSSO VER SUAS NOTAS SOBRE O CAPÍTULO 6?
NÃO CHEGUEI LÁ.
NÃO CHEGOU LÁ? MILLMAN, O EXAME É SEMANA QUE VEM. NINGUÉM LHE DISSE QUE PARA PASSAR EM FÍSICA É PRECISO ESTUDAR?
SOMOS GINASTAS, SID. NÃO TEMOS DE ESTUDAR AS LEIS DO MOVIMENTO...
?
MAS SIM PRATICÁ-LAS!
DAN SE DESEQUILIBRA LIGEIRAMENTE.
OPA!

HÃ... OBRIGADO.
VOCÊ ESTUDA AQUI?
ESPERE! COMO VOCÊ SE CHAMA?
QUEM É ELA?
NÃO SEI.
PARECE QUE SABE.
SEU PROBLEMA NÃO É A FÍSICA, MILLMAN. É A BIOLOGIA.

NAQUELA NOITE, DEPOIS DE UM TREINO MEDÍOCRE.
DAN SONHA NOVAMENTE COM O ESPECTRO NEGRO...
E COM O VELHO.

HÃ?
O QU... ?
AI, AI!
É, CHLOE.
SE VOCÊ QUER SABER, FOI O MESMO SONHO.
ACHO QUE NEM EU NEM VOCÊ VAMOS DORMIR MUITO ESTA NOITE.

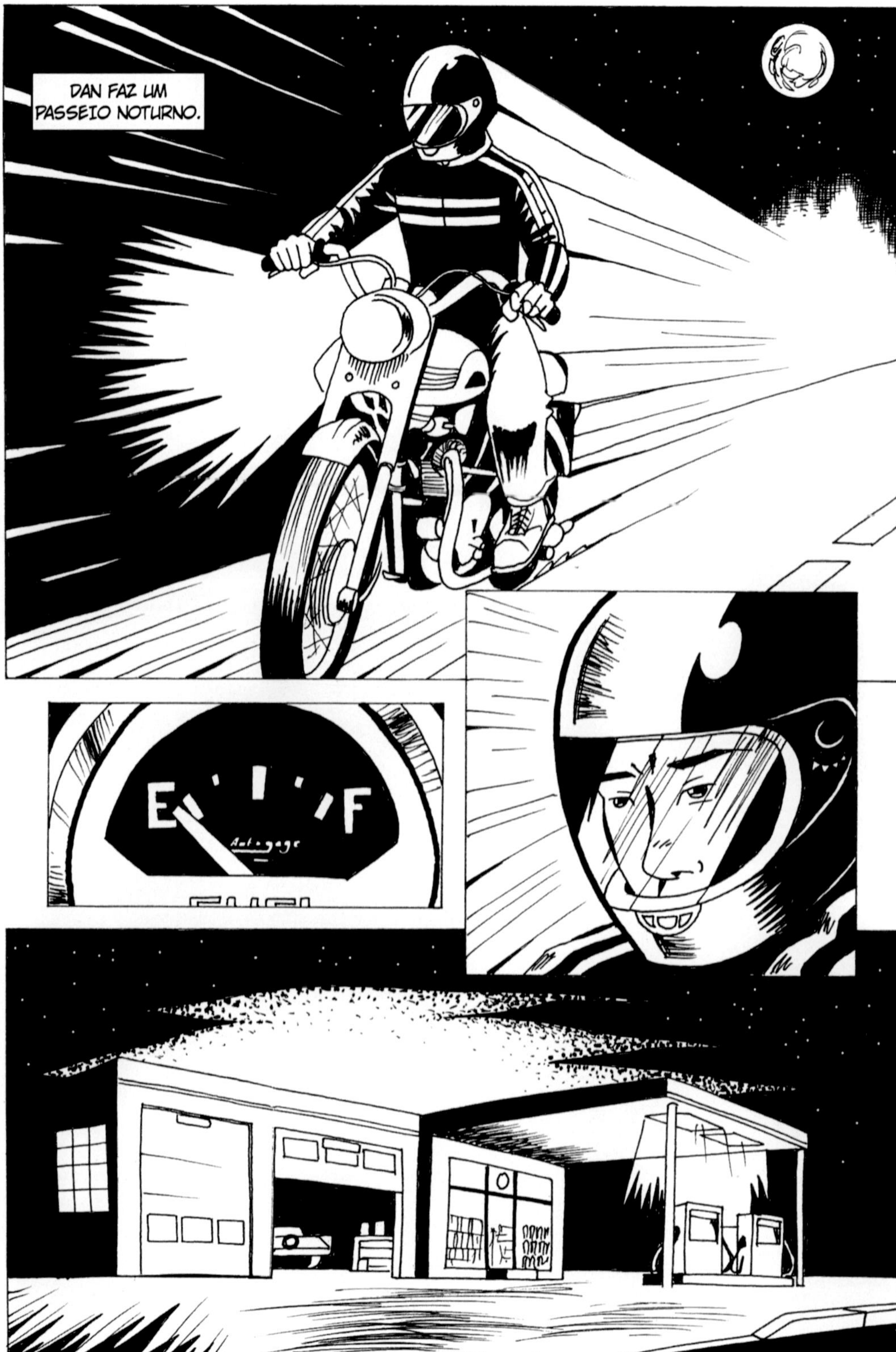
DAN FAZ UM PASSEIO NOTURNO.
E
F

TEM ALGUÉM AQUI?
OLÁ?
OLÁ?

POSSO AJUDÁ-LO?
?
AH, DESCULPE. NÃO TINHA VISTO VOCÊ.
EU... PUS GASOLINA.
O DINHEIRO ESTÁ NO BALCÃO.
DAN PERCEBE QUE O VELHO É O MESMO DOS SEUS SONHOS.

??
BOM, TENHO QUE IR.
CREAK
?
AONDE ELE FOI?

COMO... COMO VOCÊ SUBIU AÍ?
UMA LONGA HISTÓRIA.
TENHO TEMPO.
BEM, E SE EU LHE DISSESSE QUE PULEI?
EU NÃO ACREDITARIA.
ESTÁ BEM. TEM UMA ESCADA... AO LADO DA OFICINA.
DAN VAI CONFERIR PARA TER CERTEZA.
HÃ?
COMO...? ISSO NÃO É POSSÍVEL!
AAAHH!!!
NOS ESTADOS UNIDOS, TUDO É POSSÍVEL.

TUDO BEM, ENTENDI.
HÁ DOIS DE VOCÊS. VOCÊS SÃO GÊMEOS, CERTO?
CARAMBA. ESSE RAPAZ...
BEM, COMO VOCÊ FEZ ISSO? ESTAVA SENTADO E DE REPENTE...
TENHO MUITO O QUE FAZER AQUI. TALVEZ OUTRA HORA...
DAN VAI EMBORA SEM OBTER RESPOSTAS.

HAAS PAVILI
DIA SEGUINTE, NO GINÁSIO...
EI, VOCÊ ESTÁ ATRASADO. COMO VÃO AS COISAS?
EU O VI, SID. O VELHO.
NUM SONHO.
NÃO, DE VERDADE. EM PESSOA.
ENTÃO VOCÊ VIU UM VELHO QUE PARECE COM O DO SEU SONHO.
NÃO, ERA ELE MESMO...
VOCÊ NÃO ACREDITA EM MIM.
ACREDITO QUE VOCÊ DEVE CONVERSAR SOBRE ISSO COM ALGUÉM.
ESTOU CONVERSANDO COM VOCÊ.
DESCULPE INTERROMPER, SENHORES, MAS QUE TAL VIREM A UM BELO EVENTO DE GINÁSTICA?
NÓS O CHAMAMOS DE TREINO.
ESTAMOS INDO, TREINADOR.
ELE ESTAVA LÁ....
NO TELHADO...
EU VI!

NAQUELA NOITE...
DROGA!
SLAM!
INCAPAZ DE ESTUDAR, DAN VOLTA AO POSTO DE GASOLINA...
ESTAVA PASSANDO E RESOLVI ENTRAR.
COMO SABIA QUE EU... ? O QUE ESTÁ ACONTECENDO, AFINAL?
O VELHO LHE MOSTRA DUAS XÍCARAS DE CHÁ.
VOCÊ PARECE NERVOSO! DEVIA TER FEITO CHÁ DE CAMOMILA.
É CLARO QUE ESTOU NERVOSO! VOCÊ TAMBÉM ESTARIA SE... SE...
PARECE LOUCURA, MAS EU JÁ TINHA VISTO VOCÊ.
SIM, EU ME LEMBRO.
NÃO! ANTES DA NOITE PASSADA. VI VOCÊ... NUM SONHO.
TAMBÉM VI VOCÊ.
O QUE DISSE?

SONHEI COM UM MENINO NO ALTO DE UM TELHADO.
CHEGOU A HORA DE SALTAR DE NOVO, DAN.
UM REFLEXO NUM LAGO. UM RAIO DE LUAR NUMA NOITE ESCURA.
MEU DEUS...
QUEM É VOCÊ?
ISSO NÃO TEM O MENOR SENTIDO.
NÃO ENTENDO.
VOCÊ QUER SENTIDO? POIS BEM - SOU MECÂNICO DE POSTO DE GASOLINA.
VAI ENTENDER.
DEVIA VER A COISA DO MEU PONTO DE VISTA.
ISTO É TÃO ESTRANHO!
MAS COMO VOCÊ SUBIU NO TELHADO?
AINDA ESTÁ PENSANDO NISSO?
BEM, TALVEZ OUTRA HORA.
POR QUE NÃO ME CONTA AGORA?
O VELHO LEVANTA E SAI, RUMO À OFICINA.
SOMENTE UM GUERREIRO COMPREENDERIA.
UM GUERREIRO?
VENHA COMIGO.

TIO, VOCÊ TEM REFRIGERANTE?
NADA DE REFRIGERANTE AQUI. E NÃO ME CHAME DE "TIO"
DO QUE DEVO CHAMÁ-LO, ENTÃO?
ME CHAME DO QUE QUISER.
AGORA, PASSE AQUELA CHAVE INGLESA.
FLING!
?!?

VAI ME CONTAR SOBRE O TELHADO?
VOCÊ FAZ MUITAS PERGUNTAS.
E VOCÊ NÃO DÁ MUITAS RESPOSTAS.
QUER MESMO SABER SOBRE O TELHADO?
QUERO!!
DING DING
ÀS VEZES, QUANDO CHOVE MUITO, TEM UMA GOTEIRA ALI NO CANTO.
QUEM ERA?
UM RAPAZ COMO VOCÊ. COM PRESSA. ESTÁ PERDIDO MAS NÃO SABE OUVIR.
AH, TÁ. VOU EMBORA. PRECISO DORMIR UM POUCO.
TALVEZ PRECISE ACORDAR.
VOCÊ É UM FILÓSOFO E TANTO, SÓCRATES.
O QUÊ?
É ASSIM QUE VOU CHAMÁ-LO - SÓCRATES.

NA MANHÃ SEGUINTE...
BEEP! BEEP!
CLICK
7:00
LOGO...
BEEP! BEEP!
8:15
DROGA!
DESCULPE, CHLOE. QUASE ESQUECI DA SUA COMIDA.
NÃO ME ESPERE ACORDADA.

MAIS TARDE, NA BIBLIOTECA...
THE UNIVERSITY LIBRARY
DE VOLTA AO APARTAMENTO...
ÀS VEZES TE INVEJO, CHLOE.
MAS O QUE VOCÊ QUER DE MIM, SÓCRATES?
GOSTARIA DE TER UM ÚLTIMO ALUNO.
E ESTÁ NA CARA QUE VOCÊ PRECISA DE UM PROFESSOR.
OS QUE JÁ TENHO BASTAM.
DEPENDE DO QUE QUER APRENDER.

ESTOU APRENDENDO TUDO O QUE PRECISO SABER.
VOCÊ ESTÁ É CHEIO DE COISAS QUE PENSA SABER.
SEI MAIS DO QUE VOCÊ PENSA.
E PENSA MAIS DO QUE SABE. MAS CONHECIMENTO NÃO É SABEDORIA.
E QUAL É A DIFERENÇA?
VOCÊ SABE LIMPAR UM PARA-BRISA.
E DAÍ?
SABEDORIA É LIMPÁ-LO AGORA.
DE REPENTE, DAN PERCEBE ALGUÉM CHEGANDO.
SLAM!
É A GAROTA DO CAMPUS!

OLÁ!
O QUÊ...?

VOCÊS DOIS SE CONHECEM?
NÃO, MAS AS MULHERES ME ADORAM.
JOY, ESSA MÁQUINA DE FAZER PERGUNTAS SE CHAMA DAN.
NÓS... NOS ENCONTRAMOS POR ACASO HÁ ALGUNS DIAS.
ENCONTREI AS ERVAS QUE VOCÊ QUERIA.
NOS VEMOS SÁBADO.
JOY, ESPERE UM POUCO. ESTAVA PENSANDO... HÁ QUANTO TEMPO VOCÊ CONHECE SÓCRATES?
SÓCRATES?
AH, SÓCRATES. EU O CONHEÇO HÁ ALGUNS ANOS.
ÀS VEZES ELE AGE DE UM JEITO MEIO... ESTRANHO?
ESTRANHO? TENHO A SENSAÇÃO DE QUE ELE ESTÁ APENAS COMEÇANDO.

שמע ישראל
יהוה אלהינו
יהוה אחד
FLING
PLOP
COMO VOCÊ FAZ ESSAS COISAS?
SABEDORIA CORPORAL.
O QUE É ISSO?
SIMPLES, NA VERDADE.
VOCÊ PERDE A RAZÃO...
... E RECOBRA OS SENTIDOS.

NO GINÁSIO, DIAS DEPOIS, OS EXAMES TERMINARAM E COMEÇOU O TREINAMENTO DE VERÃO.
SE NOS CLASSIFICARMOS PARA O PRÓXIMO NACIONAL, NOSSOS RIVAIS SERÃO DIFÍCEIS.
ESTÃO PREPARADOS E DISPOSTOS, MAS TEMOS UMA ARMA SECRETA...
É, O NOME DELA É DAN MILLMAN!
NÃO, O NOME É TRABALHO. E VOCÊS VÃO TRABALHAR MAIS. A PARTIR DE SEGUNDA, DOIS TREINOS POR DIA.
ATÉ ÀS 7 DA MANHÃ.
VAMOS TOMAR UMA CERVEJA, LIGAR PARA UMAS GATAS E IR À PRAIA.
HOJE NÃO. PRECISO TREINAR.
OUVIU? ELE PRECISA TREINAR.
APOSTO QUE ELE TOMA DANONINHO TODO DIA.
DEPOIS DO TREINO NOTURNO...
QUEM SERÁ ESSE VELHO? PRECISO DESCOBRIR.

DEPOIS DE DORMIR ALGUMAS HORAS, DAN VIGIA SÓCRATES DE MADRUGADA, NO FIM DO TURNO DA NOITE.
DAN COCHILA POR ALGUNS INSTANTES...
HÃ?!
DROGA! CADÊ O SOC?
AO ACORDAR, ELE PERCEBE QUE AMANHECEU...
... E SÓCRATES JÁ ESTÁ INDO EMBORA.

?
AHÁ!
TUDO BEM, VELHO.
AGORA VAMOS VER QUEM É O GUERREIRO.
RI! RI!
IH! IH!
OLÁÁÁ, MENINAS!

QUAL É A DELE?
?!?
SWISH!

SEGUINDO SÓCRATES, DAN SOBE AS COLINAS DE BERKELEY...
... SOBRE A BAÍA DE SÃO FRANCISCO.

DEPOIS DE MUITO ANDAR, DAN PERDE SÓCRATES DE VISTA NO PARQUE.
ONDE -

PROCURANDO ALGUÉM?
AH!!
DESCULPE. ESQUECI QUE VOCÊ É DO TIPO NERVOSO.
OLÁ! POR QUE DEMOROU?
TIVE DE ESPERAR O JUJU AQUI.
POR QUE ME CHAMA DE JUJU?
JUJU DE JUMENTO.
QUÊ!?

BONITA, ESSA FITA.
HÃ?
VOCÊ GOSTA DE ME FAZER DE BOBO?
SOMOS TODOS BOBOS, JUJU. ALGUNS PERCEBEM, OUTROS NÃO.
NÃO ME CHAME DE JUJU! E PARE DE COMPLICAR MINHA VIDA! JÁ TENHO MUITO O QUE FAZER.
CONHECI UM CARA COMO VOCÊ, DAN. TODO DIA ELE RECLAMAVA DO ALMOÇO. DIA APÓS DIA ERA A MESMA COISA...
"DE NOVO O MESMO SANDUÍCHE!"
ENFIM ALGUÉM DISSE: "EI, JOE. POR QUE NÃO PEDE À SUA MULHER QUE FAÇA ALGO DIFERENTE?"
JOE RESPONDEU: "NÃO SOU CASADO. FAÇO MEUS PRÓPRIOS SANDUÍCHES."
HAHAHA!!!

DAN, NÃO QUER COMER CONOSCO? TROUXE BASTANTE SANDUÍCHES, TODOS DIFERENTES...
É, RELAXE E FIQUE CONOSCO!
TALVEZ LHE CONTE COMO SUBI NO TELHADO.
FIU-FIU
ELE ME ACOMPANHA, ENTÃO O CHAMO DE "ZINHO".
ZINHO?
DE "CÃOZINHO". LEAL, CONFIÁVEL - E PRECISA VÊ-LO BUSCAR MEUS CHINELOS!
ELE ESTÁ BRINCANDO?
ACHO QUE SIM, DAN.
ENTÃO VOCÊ REALMENTE QUER SABER?
DO TELHADO? É CLARO!
NÃO COSTUMO REVELAR ISTO, MAS VAMOS LÁ. NO JAPÃO ANTIGO HAVIA UMA CONFRARIA DE GUERREIROS QUE SUBIAM PELAS PAREDES E NADAVAM COMO PEIXES, MESMO DE ARMADURA. ERAM ESPECIALISTAS EM PULAR.
SIM, CONTINUE...
AINDA CRIANÇA, CADA GUERREIRO PLANTAVA UM PÉ DE MILHO. À MEDIDA QUE O PÉ CRESCIA, A CRIANÇA IA PULANDO SOBRE ELE.
A CADA DIA ELE CRESCIA UM POUCO MAIS. A CADA DIA A CRIANÇA PULAVA MAIS ALTO, ATÉ CONSEGUIR PASSAR POR CIMA DO MILHO ADULTO.

É ISSO? NÃO ENTENDI.
NÃO PERCEBE? ESSES GUERREIROS PRATICAVAM COM PÉS DE MILHO.
EU PRATICO COM POSTOS DE GASOLINA.
ACHO QUE VOU SUBIR NUMA ÁRVORE.
SUBIR? POR QUE NÃO PULA?
É, PODE SER.
JOY, ESTAVA PENSANDO... VOCÊ NÃO GOSTARIA DE SAIR PARA JANTAR OU IR AO CINEMA?
QUER DIZER, UM ENCONTRO?
NÃO É BEM ISSO. SÓ SAIR PARA CONVERSAR.
NÃO É ISSO QUE ESTAMOS FAZENDO?
ENTÃO VOCÊ É UMA GUERREIRA COMO SÓCRATES?
ACHO QUE NINGUÉM É COMO SÓCRATES.
É... ACHO QUE NÃO. MAS OBRIGADO PELO ALMOÇO.
ESPERO VER VOCÊ DE NOVO.
NO ALTO DA ÁRVORE, O VENTO FALOU COMIGO. VOCÊ OUVIU?
O VENTO? É CLARO. ELE FALA COMIGO SEMPRE. OUÇO AS NOTÍCIAS, A PREVISÃO DO TEMPO...
NÃO ESTOU BRINCANDO. VEM AÍ UMA MUDANÇA. UMA PROVA.
VERDADE? O VENTO LHE CONTOU TUDO ISSO?
ISSO E MUITO MAIS. ME ENSINOU QUE O MUNDO É UMA ESCOLA. SE VOCÊ NÃO APRENDE AS LIÇÕES FÁCEIS, ELAS FICAM MAIS DIFÍCEIS.

O QUE VOCÊ QUER DE MIM?
UMA PORTA SE ABRIU PARA VOCÊ, MAS É DIFÍCIL SABER QUANTO TEMPO VOCÊ TEM PARA ENCONTRÁ-LA ANTES QUE SE FECHE. VOCÊ SÓ A VIU EM SONHOS. É UMA VIAGEM DE VIDA...
CRUNCH!
??
... E MORTE.
E VIDA!
O PÁSSARO VAI EMBORA COMO SE NADA TIVESSE ACONTECIDO.
QUEM...QUEM É VOCÊ? O QUE É VOCÊ?
UM HOMEM COMUM.
NÃO É! ESSAS COISAS QUE VOCÊ SABE, QUE VOCÊ FAZ...
SÃO INÚTEIS SE EU NÃO ENSINÁ-LAS.
E POR QUE EU?
É MELHOR NÃO SABER.
MAS TENHO QUE SABER!
EIS O QUE VEJO: VOCÊ VAI AJUDAR MUITA GENTE NO FUTURO - SE CONSEGUIR SOBREVIVER AO QUE ESTÁ POR VIR.
SOBREVIVER A QUÊ?

ME CONSIDERO UM GUERREIRO - UM GUERREIRO PACÍFICO - PORQUE AS BATALHAS MAIS IMPORTANTES ACONTECEM DENTRO DE NÓS. AGORA MESMO, FORÇAS INVISÍVEIS - FORÇAS DA LUZ E DAS TREVAS - ESTÃO LUTANDO NUMA GRANDE BATALHA.
MAS O QUE TUDO ISSO TEM A VER COM...
ÀS VEZES, A GUERRA É VENCIDA NUMA ÚNICA BATALHA. ESSA BATALHA ESTÁ SENDO TRAVADA AGORA, DAN... DENTRO DE VOCÊ.
O QUÊ? ISSO É LOUCURA! NÃO SOU QUEM PENSA. NÃO QUERO ENFRENTAR AS FORÇAS DAS TREVAS!
QUERO COMPETIR NO CAMPEONATO NACIONAL, ME FORMAR, LEVAR UMA VIDA NORMAL.

COMPREENDO. VOCÊ QUER UMA VIDA NORMAL - PREVISÍVEL, SEGURA, CONFORTÁVEL. UM DIA, TALVEZ. MAS AGORA O DESTINO O CHAMA. COMEÇOU HÁ ALGUNS ANOS... NO ALTO DE UM TELHADO.
CHEGOU A HORA DE PULAR DE NOVO. E TALVEZ EU POSSA AJUDAR...
AJUDAR? E QUEM DISSE QUE POSSO CONFIAR EM VOCÊ?
NÃO ESTOU AQUI PARA QUE CONFIE EM MIM, DAN.
ESTOU AQUI PARA AJUDÁ-LO A CONFIAR EM SI. UMA PARTE DE VOCÊ SABE DISSO, OU NÃO ESTARIA AQUI.
QUE PARTE?

A PARTE QUE SONHA...
DE REPENTE, AS SOMBRAS AVANÇAM...
... E SE JUNTAM!
CUIDADO! ATRÁS -
BERKELEY
?
?

MAIS TARDE...
QUAL É O GALHO, MILLMAN?
SEM ESSA. HÁ SEMANAS VOCÊ ESTÁ MUDADO. POR ACASO ANDA USANDO DROGA?
NENHUM, TREINADOR.
NÃO, TREINADOR, DE JEITO NENHUM.
TIVE UM PROBLEMA - DE INSÔNIA - MAS JÁ ACABOU. AGORA TUDO VOLTOU AO NORMAL.
VOU LHE DAR UM BOM CONSELHO.
CORRA RISCOS NO GINÁSIO, DAN, NÃO NA VIDA. NA VIDA, ESCOLHA O CAMINHO SEGURO.
AQUELA NOITE...

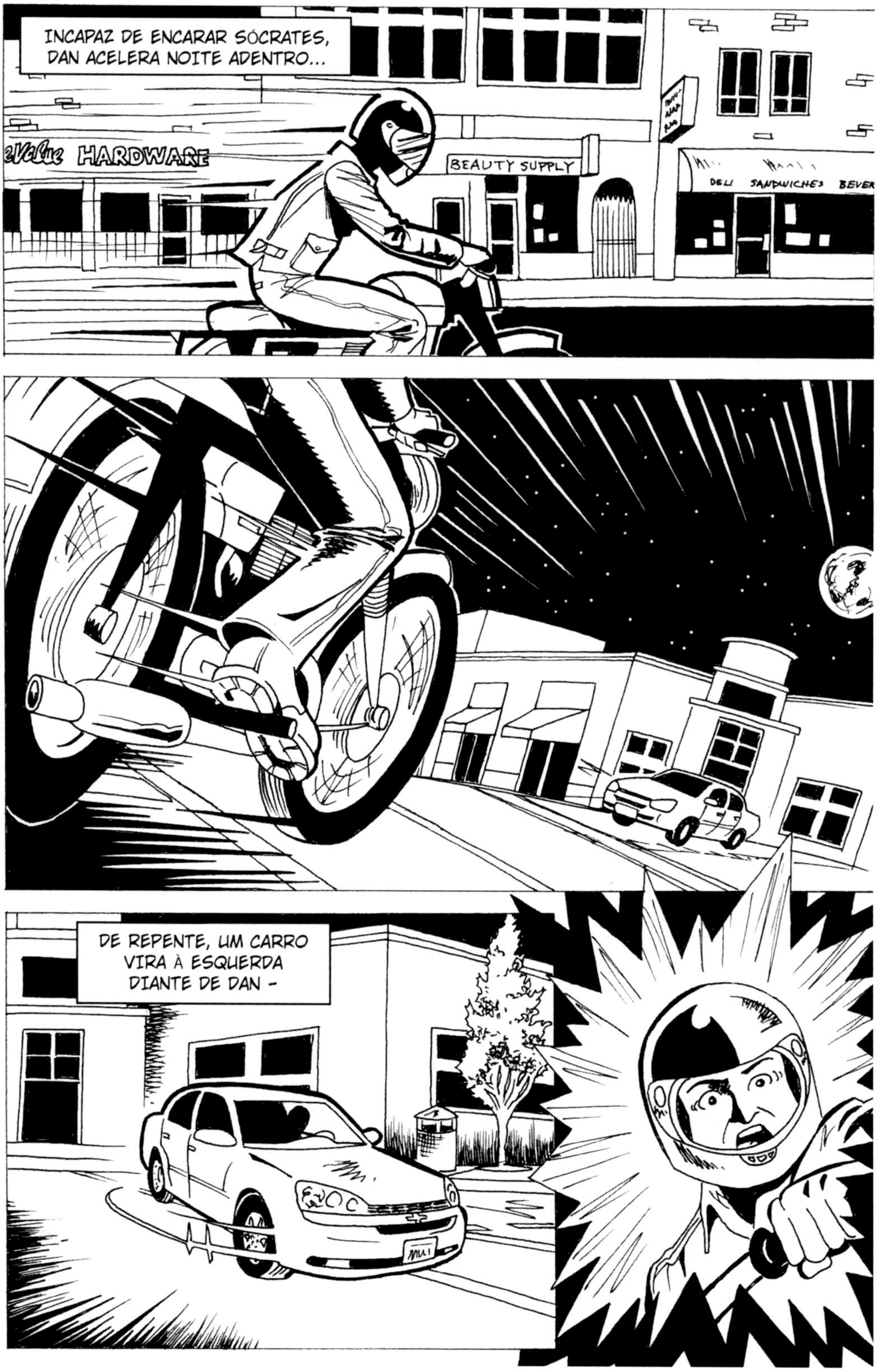
INCAPAZ DE ENCARAR SÓCRATES, DAN ACELERA NOITE ADENTRO...
HARDWARE
BEAUTY SUPPLY
DELI SANDWICHES BEVER
DE REPENTE, UM CARRO VIRA À ESQUERDA DIANTE DE DAN -

SCREEEECH!
CRASH!!
MAY
California

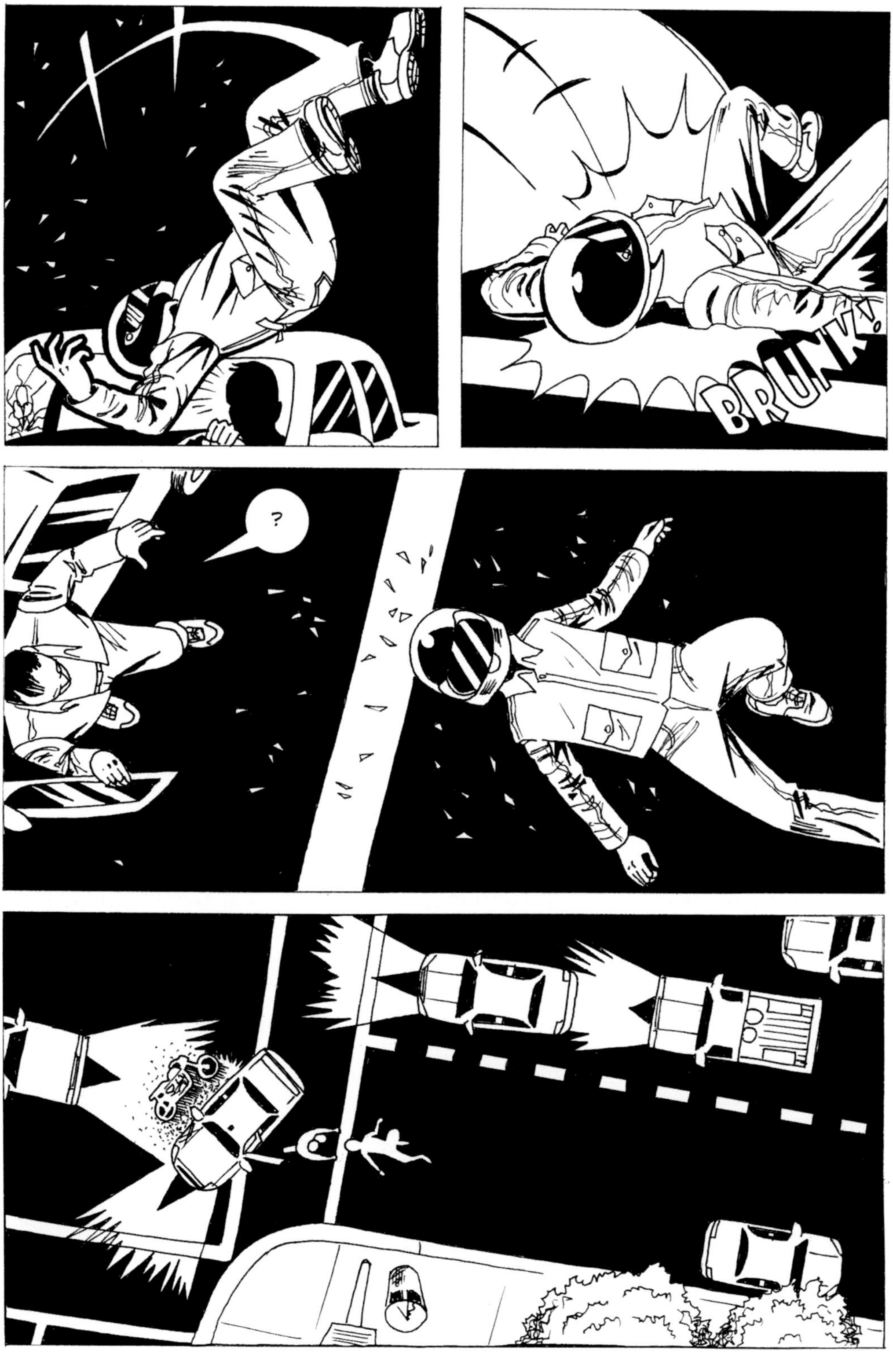
BRUNK!
?

DAN É LEVADO ÀS PRESSAS PARA O PRONTO-SOCORRO.
SALA DE EMERGÊN
AIII!
A ENFERMEIRA CORTA AS CALÇAS DE DAN...

FRATURA DO FÊMUR DIREITO...
ESTILHAÇADO... UNS QUARENTA PEDAÇOS.
VOU TIRAR PARTE DO OSSO ILÍACO E ENXERTÁ-LO COM UM PINO NO CENTRO DO... BEM, DO QUE RESTA DO FÊMUR.
OUVI DIZER QUE O RAPAZ É GINASTA.
PELO JEITO, EU DIRIA QUE ELE *ERA* GINASTA.
NUM SONHO, DAN É PERSEGUIDO PELO ESPECTRO NEGRO.

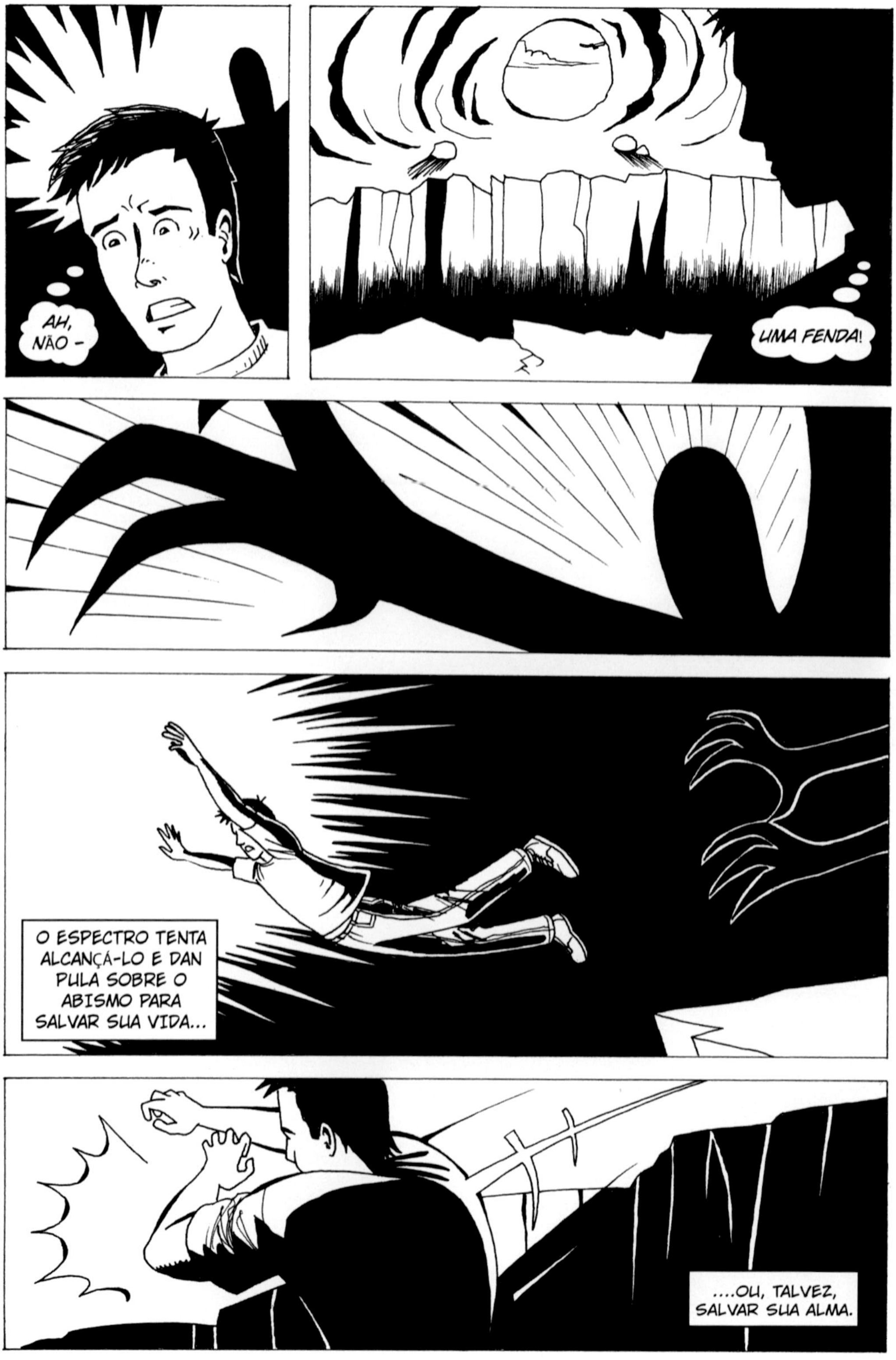

AH, NÃO -
UMA FENDA!
O ESPECTRO TENTA ALCANÇÁ-LO E DAN PULA SOBRE O ABISMO PARA SALVAR SUA VIDA...
....OU, TALVEZ, SALVAR SUA ALMA.

NO HOSPITAL...
SÓCRATES IMPÕE AS MÃOS SOBRE A PERNA FERIDA...
E SOBRE O CORAÇÃO.

ALGUNS DIAS DEPOIS...
... JOY ACOMPANHA DAN ENQUANTO ELE DORME.
COMO VAI O DAN?
PARA COMPETIR DE NOVO?
A CIRURGIA FOI BEM, MAS ELE TERÁ MUITAS DIFICULDADES.
COMPETIR?
NÃO. EU QUIS DIZER...
... PARA ANDAR.
ALGUNS DIAS DEPOIS...
NÃO, MÃE. É VERDADE. ESTOU ÓTIMO.
E COMO VAI VOCÊ?
NÃO, NÃO PRECISA VIR PARA CÁ. ESTOU EM BOAS MÃOS.
EXCELENTES MÃOS...

RICK E SID VÃO VISITÁ-LO...
ALGO MAIS PARA AJEITAR?
NÃO, OBRIGADO. ESTOU ÓTIMO, VALERIE.
SEI O QUE ESTÃO PENSANDO.
É PORQUE TODOS OS GARANHÕES PENSAM IGUAL.
DEPOIS DE ALGUMAS SEMANAS AQUI, TODAS ELAS PARECEM BONITAS.
SE TODAS FOREM IGUAIS A ELA, VOU ME INTERNAR.
E COMO VAI VOCÊ, CARA?
ESTOU COM UM PINO NO OSSO. DAQUI A ALGUMAS SEMANAS POSSO TIRAR O GESSO.
O TREINADOR ESTEVE AQUI?
VEM QUASE TODO DIA. OLHA PARA A MINHA PERNA COMO SE ELA FOSSE SARAR A QUALQUER MOMENTO.
ELE ACHAVA QUE ESTE ANO TERÍAMOS NOSSA GRANDE CHANCE.
MARAVILHA, RICK. VOCÊ SEMPRE DIZ A COISA CERTA.
É, BEM... ACHO QUE TEMOS QUE IR.
SE PRECISAR DE ALGO, DAN, ME LIGUE.

CARAS?
FALA.
TALVEZ AINDA HAJA UMA CHANCE. NOS ESTADOS UNIDOS TUDO É POSSÍVEL, CERTO?
CLARO, DAN.
A GENTE SE VÊ.
NAQUELA NOITE...
HORA DA MASSAGEM NAS COSTAS, SR. MILLMAN.
NÃO VAMOS QUERER ESCARAS.
AHHHH, ISSO É BOM...
A IDEIA É ESSA.
?
ESFRIA, CARA.
MUITO BEM, DAN!
DIAS DEPOIS, NO FISIOTERAPEUTA.

SENTIU-SE, ENFIM, FORTE O SUFICIENTE PARA VER SÓCRATES DE NOVO...
DAN VOLTA AO POSTO DE GASOLINA.

NO HOSPITAL, VOCÊ FEZ ALGO COM A MINHA PERNA.
OU FOI OUTRO SONHO?
FOI DE VERDADE. *ISTO* É UM SONHO...
ÀS VEZES GOSTARIA QUE TUDO FOSSE UM SONHO...
ANTES DO ACIDENTE, VOCÊ QUIS ME AVISAR. SABIA O QUE IA ACONTECER?
SÓ SABIA QUE HAVIA ALGO NO VENTO.
SABE... EU NÃO IA VOLTAR AQUI... MAS AGORA... PARECE QUE PRECISO DE UM MILAGRE. VOCÊ PODE ME AJUDAR?
AJUDAR EM QUÊ?
VOCÊ SABE, ENTRAR EM FORMA, CURAR A PERNA.
PARA VOCÊ GANHAR UM CAMPEONATO? CONTINUAR FAZENDO O QUE SEMPRE FEZ?
BEM, TENHO DE TENTAR.

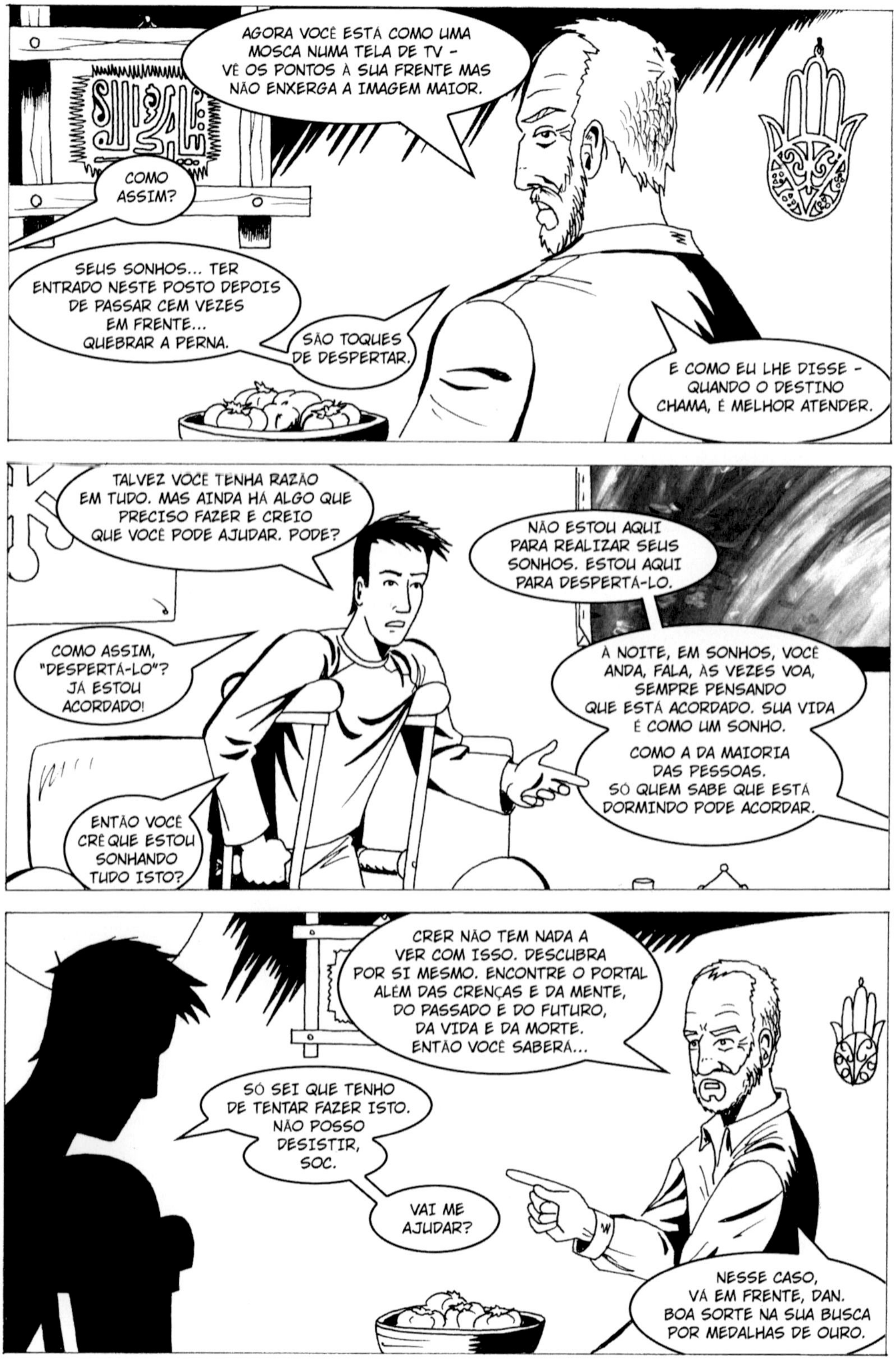
AGORA VOCÊ ESTÁ COMO UMA MOSCA NUMA TELA DE TV – VÊ OS PONTOS À SUA FRENTE MAS NÃO ENXERGA A IMAGEM MAIOR.
COMO ASSIM?
SEUS SONHOS... TER ENTRADO NESTE POSTO DEPOIS DE PASSAR CEM VEZES EM FRENTE... QUEBRAR A PERNA.
SÃO TOQUES DE DESPERTAR.
E COMO EU LHE DISSE – QUANDO O DESTINO CHAMA, É MELHOR ATENDER.
TALVEZ VOCÊ TENHA RAZÃO EM TUDO. MAS AINDA HÁ ALGO QUE PRECISO FAZER E CREIO QUE VOCÊ PODE AJUDAR. PODE?
NÃO ESTOU AQUI PARA REALIZAR SEUS SONHOS. ESTOU AQUI PARA DESPERTÁ-LO.
COMO ASSIM, "DESPERTÁ-LO"? JÁ ESTOU ACORDADO!
À NOITE, EM SONHOS, VOCÊ ANDA, FALA, ÀS VEZES VOA, SEMPRE PENSANDO QUE ESTÁ ACORDADO. SUA VIDA É COMO UM SONHO.
COMO A DA MAIORIA DAS PESSOAS. SÓ QUEM SABE QUE ESTÁ DORMINDO PODE ACORDAR.
ENTÃO VOCÊ CRÊ QUE ESTOU SONHANDO TUDO ISTO?
CRER NÃO TEM NADA A VER COM ISSO. DESCUBRA POR SI MESMO. ENCONTRE O PORTAL ALÉM DAS CRENÇAS E DA MENTE, DO PASSADO E DO FUTURO, DA VIDA E DA MORTE. ENTÃO VOCÊ SABERÁ...
SÓ SEI QUE TENHO DE TENTAR FAZER ISTO. NÃO POSSO DESISTIR, SOC.
VAI ME AJUDAR?
NESSE CASO, VÁ EM FRENTE, DAN. BOA SORTE NA SUA BUSCA POR MEDALHAS DE OURO.

?!?
DECEPCIONADO, DAN SAI MANCANDO LENTAMENTE.
NAS SEMANAS SEGUINTES, ELE PONDERA AS PALAVRAS DE SÓCRATES.
TAMBÉM COMEÇA A TREINAR A SÉRIO...
1,2 M
... TENTANDO DESESPERADAMENTE FORTALECER SUA PERNA ATROFIADA.

UMA NOITE...
MUITA BONDADE SUA, SAM. MUITO OBRIGADO.
POR QUE VOCÊ NÃO TREINA DE DIA, COM A EQUIPE?
NÃO QUERO QUE ME VEJAM NESTE ESTADO.
MAS TOME CUIDADO, MILLMAN!
CASO SE MACHUQUE, SERÁ PROBLEMA PARA NÓS DOIS.
MAIS TARDE, SAM, O PORTEIRO, ASSISTE AO TREINO...
SAM BALANÇA A CABEÇA, COMPADECIDO.
AI, ESSA DOEU!

NO DIA SEGUINTE...
SLIP!
COM DOR NA PERNA, DAN VÊ AS CRIANÇAS E PENSA NO QUE PERDEU - NA VIDA QUE PODERIA TER LEVADO.
NAQUELA NOITE, NUM SONHO VÍVIDO...

DAN CONTEMPLA UM FUTURO POSSÍVEL...
NCAA
1
2
AO LADO DE SUA NOIVA...
... INCAPAZ DE COMPETIR NO CAMPEONATO POR CAUSA DA PERNA...

...CONTRATADO PELO NOVO SOGRO...
OBRIGADA, PAPAI!
SEI QUE DAN VAI DEIXÁ-LO ORGULHOSO.
ANOS DEPOIS, CASAMENTO FRACASSADO...
VOU EMBORA!

DAN SONHA QUE É EXECUTIVO...
... E TRAI A MULHER COM A SECRETÁRIA.
SOLUÇO

MAIS VELHO, MAS NÃO MAIS SÁBIO, DAN FAZ UM BRINDE SOLITÁRIO.
ALGUNS ANOS DEPOIS, NUM ASILO DE VELHOS...

ELE MORRE, DECRÉPITO E SOZINHO...
THUMP
AAAHH!!

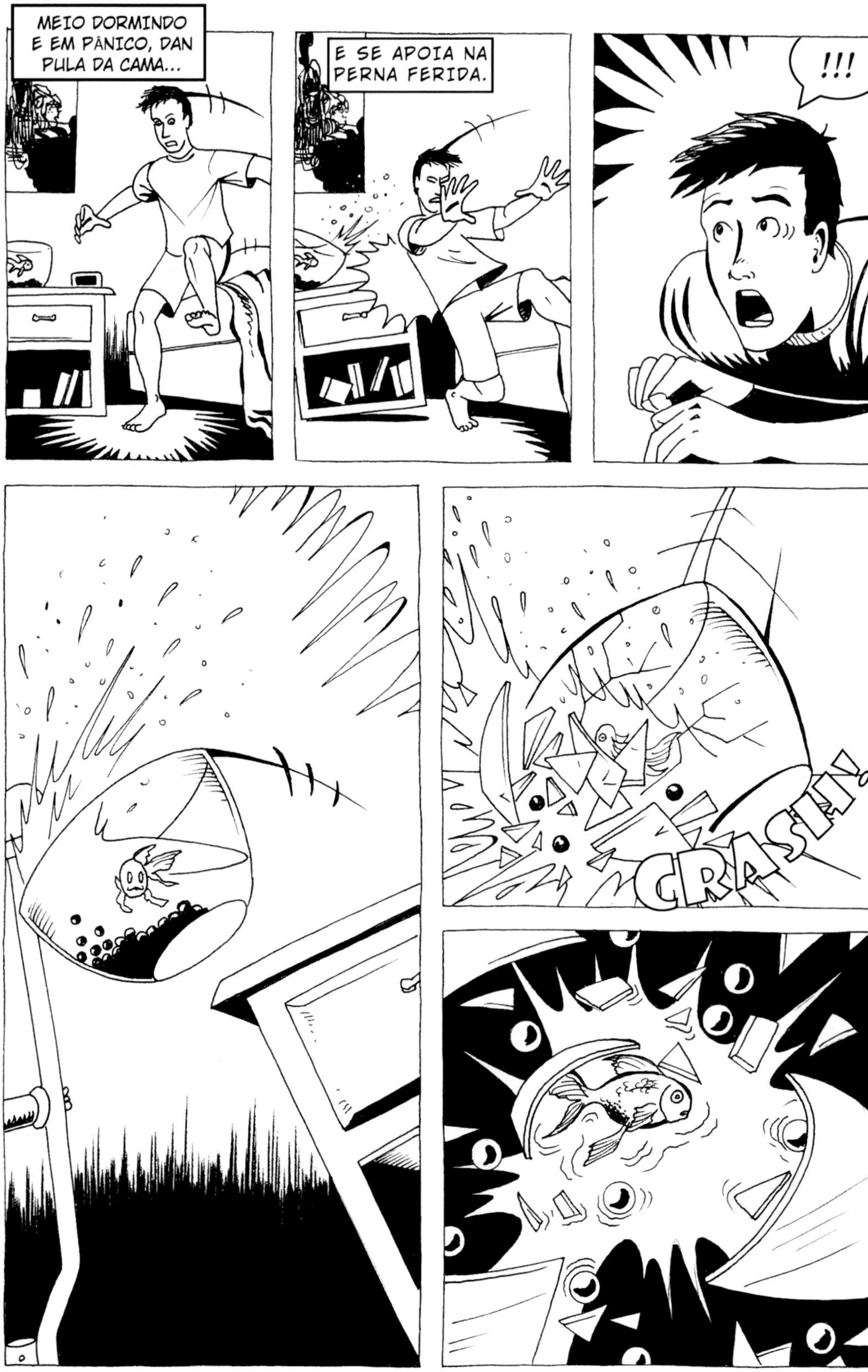
MEIO DORMINDO E EM PÂNICO, DAN PULA DA CAMA...
E SE APOIA NA PERNA FERIDA.
!!!
CRASH!

ANTES DO NASCER DO SOL,
DAN, DEPRIMIDO,
SE PERGUNTA SE AINDA TEM
ALGUM MOTIVO PARA VIVER...

LOGO...
ANTES DE FALAR, POR FAVOR ME OUÇA.
ANOS ATRÁS ACHEI UMA VELHA CAMA ELÁSTICA. FOI COMO SE EU NASCESSE NAQUELA HORA.
A GINÁSTICA NÃO É ALGO QUE EU FAÇO, SOC. É ALGO QUE EU SOU.
NÃO É SÓ QUESTÃO DE COMPETIR OU GANHAR...
MAS DE FAZER ALGO DE BOM A MINHA VIDA.

ÀS VEZES VOCÊ ME METE MEDO, SÓCRATES.
E TALVEZ EU NÃO ESTEJA PRONTO PARA APRENDER O QUE QUER ENSINAR... OU MESMO PARA OUVIR O QUE DIZ. MAS ESTOU DISPOSTO A TENTAR...
POR FAVOR.
HAVERÁ CONDIÇÕES.
ISSO SIGNIFICA "SIM"?
VAI ENFRENTAR OBSTÁCULOS QUE NEM SABIA QUE EXISTIAM.
VAI ME AJUDAR?
SÓCRATES CONCORDA.
OBRIGADO, SÓCRATES!
VOCÊ NÃO VAI SE ARREPENDER!
NÃO ME AGRADEÇA AINDA! QUANDO VOCÊ COMEÇAR, NÃO PODERÁ VOLTAR ATRÁS. E, ANTES DE TERMINAR, VAI DESEJAR JAMAIS TER COMEÇADO.

AGORA, DEITE NO SOFÁ.
O QUE VOCÊ VAI FAZER?
O MESMO QUE NO HOSPITAL. FAZER VOCÊ PEGAR NO TRANCO.

VOCÊ ESTÁ BRILHANDO!
VIDA ÍNTEGRA.
MAIS ENERGIA DO QUE VOCÊ ESTÁ ACOSTUMADO...
BASTA POR ORA. VOU FAZER DE TUDO PARA LHE DAR O QUE QUER, DAN. ASSIM, TALVEZ UM DIA VOCÊ QUEIRA O QUE TENHO PARA DAR.
E O QUE É?
A ILUMINAÇÃO.

ALGUNS DIAS DEPOIS...
CRUMPLE
TUDO BEM, SAM?
PRÓXIMA VEZ, VOCÊ FICA EMBAIXO E EU, EM CIMA!

NO DIA SEGUINTE...
SERÁ A JOY?
ONDE ESTÁ ELA?
EI, SEU VELHO MAGO!
SÓCRATES?
JOSEPH, NÃO SABE O QUE FAÇO PARA LHE ARRANJAR CLIENTES. ESTE É DAN, APRENDIZ DE FEITICEIRO.
MECÂNICA DE AUTOS E A ARTE DE VIVER, HEM?
PARECE QUE ESTOU MAL NAS DUAS COISAS.

ÀS VEZES DAN É UM CRETINO, MAS DEVE TER ALGUMAS QUALIDADES QUE AINDA DESCONHEÇO. SENTE COMIGO, DAN. VAI CONHECER A ARTE DE JOSEPH.
VOU PREPARAR ALGO ESPECIAL PARA VOCÊS.
COMO VAI A PERNA?
MELHOR, MAS DEPOIS DO QUE VOCÊ FEZ EU PENSAVA...
QUE IA JOGAR FORA AS MULETAS E SAIR DANÇANDO?
ACHO QUE ESPERAVA UM MILAGRE.
ALGUNS MILAGRES PRECISAM DE TEMPO... E DE UM EMPURRÃO. FAÇA CHÁ COM ISTO TODO DIA. E MISTURE AS ERVAS COM URINA PARA MASSAGEAR A PERNA.
URINA?
RECEITA DE FAMÍLIA.
NÃO DA MINHA... MAS COMO VOCÊ CONHECEU JOSEPH?
EU O CONHECI HÁ ANOS. AJUDEI-O E ELE A MIM. ENQUANTO ISSO, ELE SE TORNOU MESTRE EM ALIMENTAÇÃO.
É O COZINHEIRO DAQUI?
ELE NÃO COZINHA. É ESPECIALIZADO EM COMIDAS CRUAS – SALADAS E TUDO O MAIS.
MARAVILHA...

VOCÊ VAI ADORAR!
HUM...
BRINCADEIRINHA!
JOSEPH TRAZ TIGELAS DE MADEIRA COM FRUTAS NA FORMA DE MONTANHAS, FRUTOS SECOS DISPOSTOS COMO PEDRAS E RAMOS DE SALSINHA COM APARÊNCIA DE BONSAIS.
UAU! QUE BONITO! COMO SE COME ISTO?
VOU TOMAR ISSO COMO UM ELOGIO.
SABE, TENHO PENSADO MUITO EM JOY...
NÃO DIGA.
NO HOSPITAL, SONHEI OU IMAGINEI QUE ELA ESTAVA COMIGO.
ESTEVE DUAS VEZES. VOCÊ ESTAVA INCONSCIENTE, COMO SEMPRE.
TENHO DE VÊ-LA, SOC. TENHO DE LHE DIZER UMA COISA.
TUDO O QUE TEM DE FAZER É PRESTAR ATENÇÃO NO QUE ESTÁ FAZENDO AGORA.

GOSTOU DA REFEIÇÃO?
DIFERENTE, MAS BOA.
SE QUISER MAIS, DIGA AO JOSEPH.
NÃO AGUENTO COMER MAIS NADA.
ÓTIMO, POIS ESTA FOI SUA ÚLTIMA REFEIÇÃO PELOS PRÓXIMOS SETE DIAS.
HÃ?
DURANTE UMA SEMANA, SOMENTE BEBA ÁGUA, CHÁ DE ERVAS E SUCO. DISCIPLINA ESPECIAL PARA UMA CURA ESPECIAL.
DAN E SÓCRATES VÃO EMBORA.
MAS PRECISO DE PROTEÍNAS - CARNE E TUDO O MAIS.
QUE TAL UM MEIO-TERMO? CORTO OS DOCES E SÓ TOMO CERVEJA NO FIM DE SEMANA.
E CAFÉ SÓ À NOITE, PARA NÃO DORMIR.
TÁ?
TÁ?
DEPOIS DO JEJUM DE SETE DIAS, ATÉ SEGUNDA ORDEM COMA SOMENTE O QUE ESTÁ NESTA LISTA.

SALADAS, FRUTAS, GRÃOS INTEGRAIS, TOFU, BROTOS, SEMENTES? É COMIDA DE PASSARINHO!
ESSE É OUTRO APETITE QUE VOCÊ TERÁ DE CORTAR POR UM TEMPO.
HÃ? QUE MAL HÁ NO SEXO?
NÃO. MAS, POR ENQUANTO, SEGURE AS PONTAS.
POR QUÊ?
PARA VER SE É CAPAZ.
JÁ ESTOU FICANDO COM FOME.
NAQUELA NOITE, NO APARTAMENTO...
AI, AI!
SLAM!

NO DIA SEGUINTE...
Alec's
DAN TEM VISÕES TENTADORAS ENQUANTO ANDA, MANCANDO, PELAS RUAS DE BERKELEY.

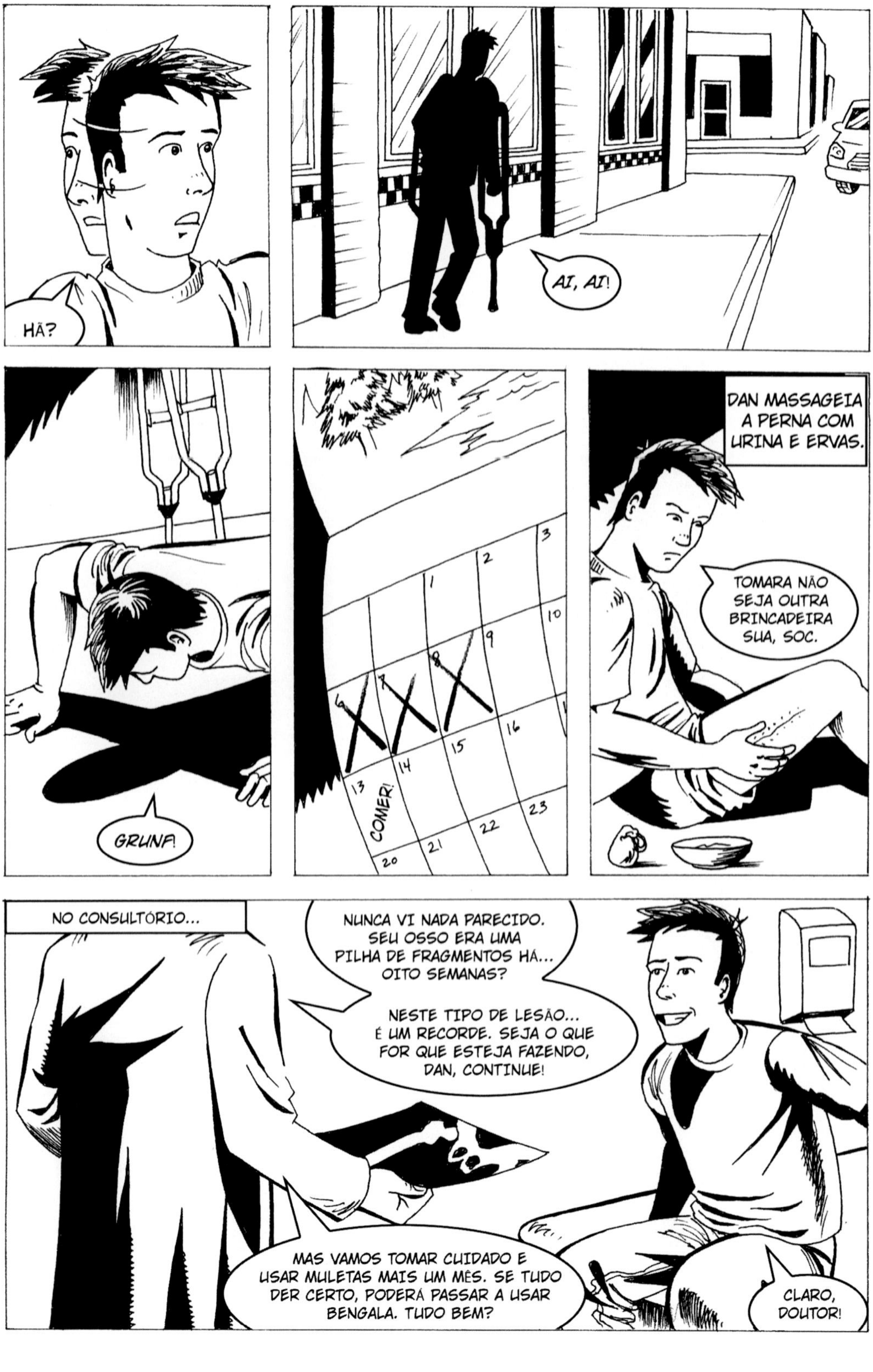
HÃ?
AI, AI!
GRUNF!
COMER!
DAN MASSAGEIA A PERNA COM URINA E ERVAS.
TOMARA NÃO SEJA OUTRA BRINCADEIRA SUA, SOC.
NO CONSULTÓRIO...
NUNCA VI NADA PARECIDO. SEU OSSO ERA UMA PILHA DE FRAGMENTOS HÁ... OITO SEMANAS?
NESTE TIPO DE LESÃO... É UM RECORDE. SEJA O QUE FOR QUE ESTEJA FAZENDO, DAN, CONTINUE!
MAS VAMOS TOMAR CUIDADO E USAR MULETAS MAIS UM MÊS. SE TUDO DER CERTO, PODERÁ PASSAR A USAR BENGALA. TUDO BEM?
CLARO, DOUTOR!

DAN JOGA AS MULETAS NA LIXEIRA MAIS PRÓXIMA.
NA PISCINA, ENQUANTO SE EXERCITA...
QUER ALGUMA COISA?
VOCÊ NEM IMAGINA...
AI, AI!
CINCO DIAS. FALTAM DOIS.

NO GINÁSIO...
VOCÊ É DAN MILLMAN, O GINASTA?
SOU...
LI SOBRE SEU ACIDENTE. QUE AZAR, CARA. QUAL SEU PROGNÓSTICO?
NADA BOM SEGUNDO MEU MÉDICO, QUE CONHECE OSSOS COMO NINGUÉM. MAS NÃO CONHECE A MIM.
ENTÃO ACREDITA EM MILAGRES?
SE ACREDITO? CONTO COM UM MILAGRE!
A PRIMEIRA REFEIÇÃO EM UMA SEMANA...
MMM!
NO POSTO DE GASOLINA...
OLHA, SEM MULETAS! TERMINEI O JEJUM E ESTOU PRONTO PARA TREINAR!

ARGH!
SÓCRATES PÕE DAN ENCOSTADO NA PAREDE.
SÓ VINTE MINUTOS. JÁ ESTÁ CANSADO?
Ã-HÃ!
SEUS MÚSCULOS ESTÃO TENSOS DEMAIS. PERDEM ENERGIA BRIGANDO ENTRE SI, AO CONTRÁRIO DO OSCAR, AQUI.
SEUS MÚSCULOS ARMAZENAM EMOÇÕES PASSADAS NA FORMA DE TENSÃO. É ISSO QUE MACHUCA.
AHH!
DEPOIS, DAN MASSAGEIA A FUNDO TODOS OS OSSOS.
O MEDO PARALISA OS MÚSCULOS QUANDO VOCÊ MAIS PRECISA AGIR. VÁ FUNDO. ABRA O CORPO, LIBERE O PASSADO. MAIS FUNDO – ATÉ OS OSSOS.

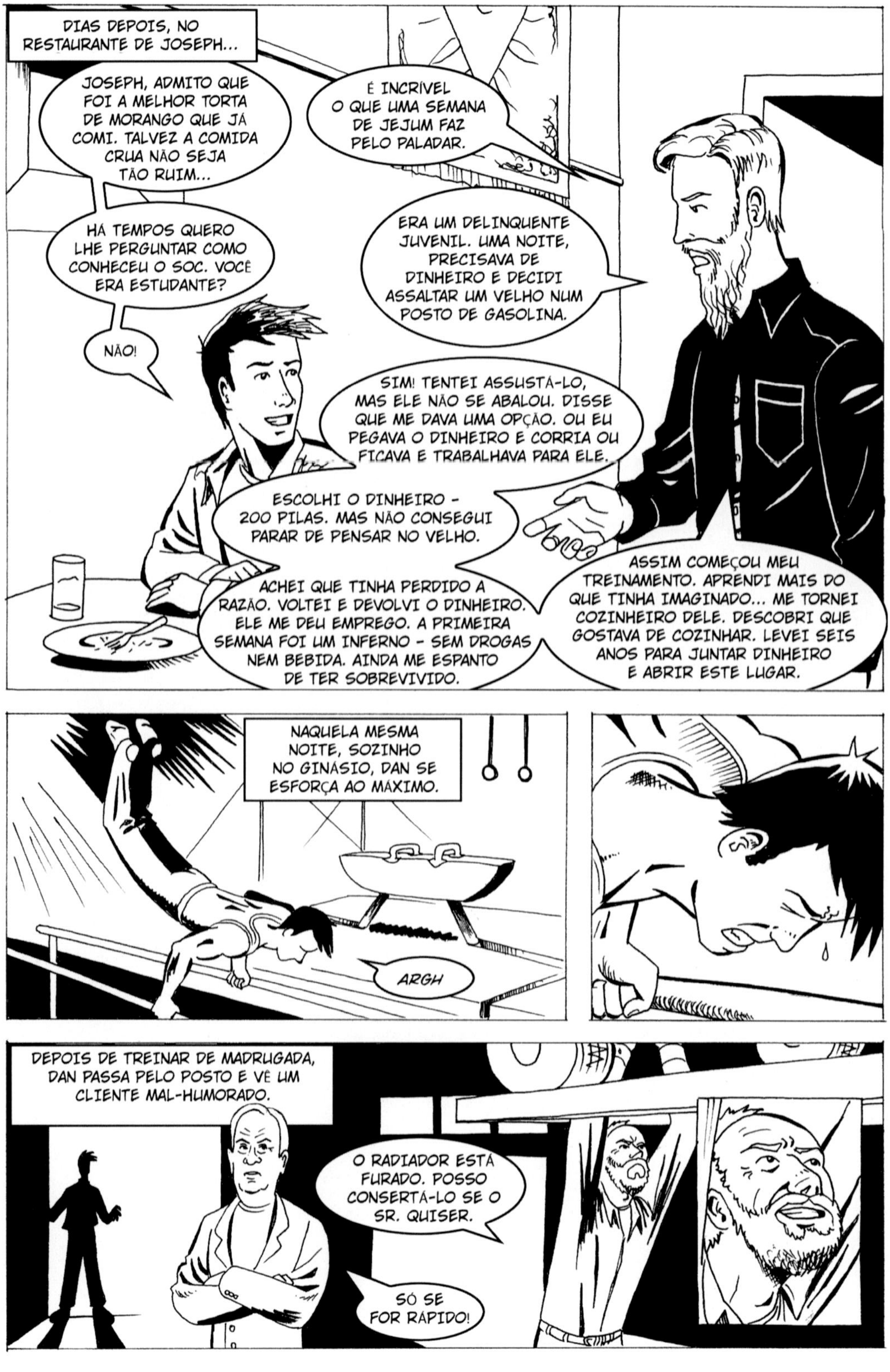
DIAS DEPOIS, NO RESTAURANTE DE JOSEPH...
JOSEPH, ADMITO QUE FOI A MELHOR TORTA DE MORANGO QUE JÁ COMI. TALVEZ A COMIDA CRUA NÃO SEJA TÃO RUIM...
É INCRÍVEL O QUE UMA SEMANA DE JEJUM FAZ PELO PALADAR.
HÁ TEMPOS QUERO LHE PERGUNTAR COMO CONHECEU O SOC. VOCÊ ERA ESTUDANTE?
ERA UM DELINQUENTE JUVENIL. UMA NOITE, PRECISAVA DE DINHEIRO E DECIDI ASSALTAR UM VELHO NUM POSTO DE GASOLINA.
NÃO!
SIM! TENTEI ASSUSTÁ-LO, MAS ELE NÃO SE ABALOU. DISSE QUE ME DAVA UMA OPÇÃO. OU EU PEGAVA O DINHEIRO E CORRIA OU FICAVA E TRABALHAVA PARA ELE.
ESCOLHI O DINHEIRO – 200 PILAS. MAS NÃO CONSEGUI PARAR DE PENSAR NO VELHO.
ACHEI QUE TINHA PERDIDO A RAZÃO. VOLTEI E DEVOLVI O DINHEIRO. ELE ME DEU EMPREGO. A PRIMEIRA SEMANA FOI UM INFERNO – SEM DROGAS NEM BEBIDA. AINDA ME ESPANTO DE TER SOBREVIVIDO.
ASSIM COMEÇOU MEU TREINAMENTO. APRENDI MAIS DO QUE TINHA IMAGINADO... ME TORNEI COZINHEIRO DELE. DESCOBRI QUE GOSTAVA DE COZINHAR. LEVEI SEIS ANOS PARA JUNTAR DINHEIRO E ABRIR ESTE LUGAR.
NAQUELA MESMA NOITE, SOZINHO NO GINÁSIO, DAN SE ESFORÇA AO MÁXIMO.
ARGH
DEPOIS DE TREINAR DE MADRUGADA, DAN PASSA PELO POSTO E VÊ UM CLIENTE MAL-HUMORADO.
O RADIADOR ESTÁ FURADO. POSSO CONSERTÁ-LO SE O SR. QUISER.
SÓ SE FOR RÁPIDO!

LOGO...
DEMOROU MUITO. QUANTO É?
CINQUENTA E CINCO DÓLARES.
?!?
É UM ROUBO! QUEM ME GARANTE QUE FICOU BOM?
O CONSERTO É GARANTIDO, SR. SE HOUVER ALGUM PROBLEMA, CUIDAREMOS DELE.
SEI! AQUI ESTÁ O DINHEIRO!
O HOMEM DÁ RÉ BRUSCAMENTE, DERRUBANDO AS LATAS DE LIXO.
VROOMM!!
CRASH!

QUE IMBECIL! SERÁ QUE ELE SABE COMO É DIFÍCIL CONSERTAR UM RADIADOR DE MADRUGADA? EU O TERIA POSTO PARA CORRER!
E SE EU DISSER QUE ELE SE CHAMA JOE HARRIS...
... E QUE, SEIS MESES DEPOIS DE FICAR VIÚVO, PERDEU O EMPREGO E TEM TRÊS FILHOS PARA CRIAR?
AH, EU NÃO SABIA.
NEM EU, NA VERDADE. NÃO O CONHEÇO. MAS NUNCA SE SABE...
ALGUNS DIAS DEPOIS, NO CAMPUS...
EI, DAN!
COMO VÃO AS COISAS?
ESTOU ANDANDO.
ÓTIMO! VENHA TREINAR, NOS VER PRATICAR.
VI A PRIMEIRA CLASSIFICATÓRIA. ESTAVA DEPRIMIDO - É DURO FICAR DE FORA.
DEIXE DISSO. EI, VAMOS SAIR COM TINA E JENELLE HOJE. POR QUE NÃO VEM CONOSCO?
E QUEM EU LEVO?
VENHA SOZINHO.
MINHA PRIMA JOANNE VEIO PASSAR UNS DIAS EM CASA.
ELA NÃO É DE JOGAR FORA, DAN, ACREDITE.
NA LANCHONETE HENDERSON'S ÀS 7, SEM FALTA!
UM FILÉ, DOIS FRANGOS ENSOPADOS, DOIS BIFES À PARMEGIANA. E VOCÊ, JOVEM?
VOU COMER SÓ UMA SALADA.
COM FRANGO OU CAMARÃO?
NÃO, GRATO.
QUEIJO RALADO?
HÃ... NÃO.
BACON?
SÓ A SALADA. ALFACE E TOMATE. VEGETAIS, SABE?
E O MOLHO? NÓS TEMOS...
SEM MOLHO.
ESTÁ FAZENDO REGIME, DAN?
É, ELE COME DE TUDO MENOS COMIDA. TEM DE MANTER A FORMA.
E ESTÁ FUNCIONANDO. VOCÊ ESTÁ LINDO.
É, LINDÃO... DAQUI A POUCO TE CHAMO PARA SAIR.

MAIS TARDE, NUMA SORVETERIA...
NO APARTAMENTO DE RICK...
BEM, BOA NOITE.
VOU FICAR SOZINHA NO APARTAMENTO. NÃO QUER ENTRAR UM POUCO?
BEM QUE EU GOSTARIA, MAS... NÃO POSSO.
AH.
ENTÃO... BOA NOITE.
BLOCO B
BONK

ACHO QUE VOCÊ NÃO ENTENDE O QUE ESTOU TENTANDO FAZER! TENHO DE VOLTAR À PLENA FORMA EM 5 SEMANAS,
O QUE É IMPOSSÍVEL.
E VOCÊ ME DEIXA SEM SEXO, SEM DOCES, SEM CARNE, SEM DESCANSO E SEM DIVERSÃO! SOU GINASTA, NÃO MONGE! POR QUE ESTOU FAZENDO ISSO? PARA SER MAIS ESPIRITUAL, POR ACASO?
PARA SER MAIS ESPIRITUAL, NÃO. PARA SER MAIS HUMANO.
ENTÃO NEM HUMANO EU SOU, HEM? POIS ESTE MICO VAI BALANÇAR NA BARRA FIXA.
BOA NOITE!
POR UNS DIAS, DAN DESCARREGA NO TREINO SUA FRUSTRAÇÃO.
ATÉ QUE UM DIA, NA ACADEMIA...
VALERIE? DO HOSPITAL?
VOCÊ É O DAN, NÃO É?
ESTÁ NUMA TREMENDA FORMA.
ESTAVA PENSANDO O MESMO DE VOCÊ.
QUE PODER DE RECUPERAÇÃO IMPRESSIONANTE! MAS TODAS AS GAROTAS DEVEM DIZER O MESMO.
ULTIMAMENTE, NÃO.

QUE DESPERDÍCIO! POR QUE NÃO JANTA COMIGO? MORO AQUI PERTO E QUERO SABER COMO SUA PERNA SAROU TÃO RÁPIDO.
EU GOSTARIA, MAS...
FIZ UMA SALADA BEM GRANDE, PARA DUAS PESSOAS.
EI, ADORO SALADA. E ESTOU COM UM TREMENDO APETITE.
APOSTO QUE ESTÁ... MEU ENDEREÇO E TELEFONE.
SETE HORAS, CERTO?
À NOITE...
FIQUE À VONTADE.
DEPOIS...
O JANTAR ESTÁ PRONTO. GOSTA DE LASANHA?
CHEIRA BEM.
ASSIM COMO VOCÊ.
OBRIGADA. BOM QUE VOCÊ GOSTOU.
TENHO DE LHE DIZER. ESTOU NUMA DIETA ESPECIAL...

AH, ESTE VINHO É ESPECIAL.
SEI QUE ESTÁ TREINANDO, MAS UM GOLINHO NÃO MATA NINGUÉM...
A DIAS DE ALEGRIA E NOITES DE PRAZER!
AO OUVIR ISSO, DAN QUASE ENGASGA COM A COMIDA.
MAIS TARDE...
SABE, SENTI TANTO POR VOCÊ NO HOSPITAL, DEPOIS DO ACIDENTE. DEVE TER SIDO MUITO DURO.
AINDA É...
ELES VÃO PARA O QUARTO...
ESFREGA
QUE SE DANE. SÓCRATES ENTENDERIA.
APALPA
CLARO QUE SIM.
PLATÃO TAMBÉM...
O QUE VOU DIZER AO SÓCRATES?

'NOITE, SOC. TROUXE UM SUCO DE LARANJA FRESCO. VOU PEGAR UM COPO...
O SUCO *FRESCO* AINDA ESTÁ NA LARANJA.
ENTÃO, QUAL É O PROBLEMA?
AH, NADA.
MELHOR ASSIM. PASSE A CHAVE SOQUETE.
VAMOS. DESABAFE ANTES QUE ISSO TE MATE.
ACHO QUE VOCÊ LÊ MEU PENSAMENTO.
NÃO PRECISO. ESTÁ ESCRITO NA SUA CARA.
TÁ BEM. ESTRAGUEI TUDO. ONTEM QUEBREI TODAS AS REGRAS QUE VOCÊ ME DEU. DESCULPE. NÃO SEI MAIS O QUE DIZER.
BEM, NINGUÉM É PERFEITO.
O QUÊ? SÓ ISSO? UAU, QUE ALÍVIO! ACHEI QUE VOCÊ FOSSE...
MAS SE VOCÊ QUEBRAR AS REGRAS DE NOVO, ACABOU.
É SÉRIO.
DAN, ISTO NÃO É A FACULDADE ONDE VOCÊ PASSA OU REPETE DE ANO. AQUI, OU VAI OU RACHA! VÁ PARA CASA E DECIDA SE QUER SER UM GUERREIRO PACÍFICO OU UM ATOR DE NOVELA. E CRESÇA ANTES DE APARECER.

BURGERS
DELI
PIZZA
PIZZA
ESTOU CANSADO DE SER MANIPULADO POR VOCÊ!
A VIDA É MINHA, AFINAL!
DAN ENTRA NUMA LANCHONETE...
O QUE VAI QUERER?
UM CHEESEBURGUER DUPLO, MILKSHAKE E FRITAS.
DE REPENTE, DAN PERCEBE O QUE ESTÁ FAZENDO...
PTU!!
TRASH
O QUE FOI? A CARNE ESTAVA QUEIMADA?
... E SAI, BRAVO.

DAN VAI AO CAFÉ DE JOSEPH...
AH, O SÓCRATES...
OLÁ, DAN. QUE HOUVE?
ELE PENSA QUE TENHO DE AMADURECER COMO UMA FRUTA. SUAS PALAVRAS EXATAS FORAM "CRESÇA ANTES DE APARECER".
ACHO QUE TAMBÉM JÁ OUVI ESSAS PALAVRAS.
POSSO FICAR COM VOCÊ?
CLARO, ENTRE. ESTAVA PRESTES A FAZER MEDITAÇÃO.
MEDICAÇÃO?
MAIS OU MENOS...
É ISSO. RESPIRE COM A BARRIGA.
QUANDO SURGIREM PENSAMENTOS E SENTIMENTOS, DEIXE-OS PASSAR COMO UM RIO.
NÃO SE APEGUE A NADA. APENAS DEIXE ESTAR...
DEPOIS DE DEIXAR JOSEPH, DAN VOLTA AO GINÁSIO...
... E FAZ SUA PRIMEIRA SAÍDA PERFEITA EM MESES.

OLHE À ESQUERDA!
JOY!
VEJO QUE VOCÊ ESTÁ PROGREDINDO.
ESTOU TREINANDO MUITO. SÓ TIVE UM PROBLEMINHA...
OUVI DIZER. SÓCRATES PEDIU QUE VIGIASSE VOCÊ PARA O CASO DE UMA FÊMEA DESGARRADA ENTRAR NO SEU TERRITÓRIO.
VOCÊ É UMA FÊMEA NO MEU TERRITÓRIO...
DAN, TENTE FALAR MENOS, PENSAR MENOS - E SENTIR MAIS.
É O QUE ESTOU TENTANDO DIZER.
ESTOU SENTINDO CADA VEZ MAIS COISAS POR CERTAS PESSOAS...
QUE HORAS SÃO?
TRÊS E QUARENTA.
EI, ESPERE!

SEGUINDO JOY, DAN SAI DA CIDADE E SOBE AS TRILHAS ACIMA DE BERKELEY.
COMPLETAMENTE ESGOTADO, DAN SENTA-SE NO CHÃO BARRENTO.
ARF! ARF!
CHEGA. NÃO CONSIGO...
CONSEGUE, SIM.
NÃO RESTOU NADA.
AGORA VAI SABER DO QUE VOCÊ É FEITO...

... E EU
TAMBÉM.
ARF!
ARF!

!!
DEPOIS...
DEITE-SE E TIRE A ROUPA.
JÁ ERA TEMPO.
RELAXE, ROMEU. SÓ VOU LHE FAZER UMA MASSAGEM.
AI!
SÓ UM TESTE. SEUS MÚSCULOS ESTÃO DUROS COMO PEDRA.
OBRIGADO.
NÃO FOI UM ELOGIO. RELAXE E ME DEIXE TRABALHAR. NÃO TENHA MEDO.
NÃO ESTOU COM MEDO!
SEU CORPO DIZ O CONTRÁRIO.
MELHOROU. RESPIRE FUNDO, DEVAGAR...
NA PRIMEIRA VEZ QUE A VI, NÃO CONSEGUIA TIRAR OS OLHOS DE VOCÊ.
EU REPAREI.
VOCÊ TAMBÉM SENTIU ALGO, NÃO É?
SINTO MUITAS COISAS.
QUE COISAS? ONDE VOCÊ MORA? O QUE FAZ QUANDO NÃO ESTÁ COMIGO?
QUANDO ESTAREMOS JUNTOS?
ESTAMOS JUNTOS AGORA...

COMO VAI INDO O SR. DISCIPLINA?
NÃO É ASSIM QUE O CHAMO.
BASTA POR ESTA NOITE, TIGRÃO. TENHO DE IR.
MAS VOCÊ ACABOU DE CHEGAR.
NADA DISSO! DEVIAMOS ESTAR NOS DIVERTINDO –
?
JOY, TAMBÉM NÃO GOSTO DE LONGAS DESPEDIDAS...
... MAS ISTO É RIDÍC...

ALGUNS DIAS DEPOIS, CORRENDO PELA COLLEGE AVENUE...
?!?
... DAN DOBRA UMA ESQUINA E VÊ UMA CENA TERRÍVEL.
JOSEPH'S CAFE
AH, NÃO!

JOSEPH! SINTO MUITO!
TAMBÉM. ERA UM BELO CAFÉ.
NÃO ENTENDO. HÁ POUCO VOCÊ NÃO ESTAVA... MUITO CHATEADO?
ESTAVA. MAS QUANDO ALGO ASSIM ACONTECE, SÓ NOS RESTA DEIXAR PASSAR E DEIXAR PARA LÁ.
QUEM DERA FOSSE TÃO FÁCIL.
NÃO É FÁCIL. A VIDA NÃO É FÁCIL – MAS É TUDO O QUE TEMOS... DE QUALQUER MODO, ESSE CAFÉ NÃO ME SERIA ÚTIL POR MUITO TEMPO.
COMO ASSIM?
TENHO UMA FORMA RARA DE LEUCEMIA GENÉTICA. NÃO É UMA DOENÇA AGRESSIVA.
MAS É FATAL.
O QUÊ?!
A MORTE TEM UMA VANTAGEM: NOS DÁ SENSO DAS PROPORÇÕES. NÃO ME PREOCUPO COM COISAS INSIGNIFICANTES, E TUDO É INSIGNIFICANTE.
NÃO ACREDITO QUE VOCÊ VAI MORRER.
NÃO VOU MORRER HOJE NEM AMANHÃ, MAS LOGO. ENQUANTO ISSO, TENHO DE IR A CERTOS LUGARES E FAZER CERTAS COISAS. HORA DE IR EMBORA.
AONDE VOCÊ VAI?
NÃO FAZ DIFERENÇA. ACHO QUE VOU SEGUIR O SOL.
SÓ ISSO?
É.
NÃO SEI O QUE DIZER.
DIGA ADEUS.

MAIS TARDE, DAN ENCONTRA SÓCRATES NO CAMPUS E ELES VÃO AO POSTO...
DE ONDE VOCÊ É, SOC?
BOA PERGUNTA, MAS É UMA LONGA HISTÓRIA...
TENHO TEMPO.
É O QUE VOCÊ PENSA.
SABIA QUE O CAFÉ DE JOSEPH SE INCENDIOU?
GOZADO. EM GERAL, O CAFÉ *QUEIMA*.
VOCÊ NÃO LIGA?
SEMPRE ME APEGUEI MAIS ÀS PESSOAS QUE ÀS COISAS.
MAS ELE ESTÁ MORRENDO!
NÃO VAMOS ENTERRÁ-LO AINDA.
SABE, ÀS VEZES ME SINTO EGOÍSTA POR CUIDAR TANTO DE MIM MESMO QUANDO EXISTEM TANTAS PESSOAS NECESSITADAS.
SALVE AS CRIANÇAS
ME DÊ UM SOCO.
O QUÊ? OUVIU O QUE EU DISSE? ISSO NÃO FAZ SENTIDO -
VAMOS. APOSTO QUE NÃO CONSEGUE ME DAR UM TAPA.
SMACK
FWUMP

VIU COMO O APOIO CORRETO PODE SER MUITO EFICAZ?
É, PERCEBI.
PARA AJUDAR REALMENTE OS OUTROS, COMPREENDA PRIMEIRO A SI MESMO. ENTÃO SABERÁ USAR O APOIO CORRETO NO LUGAR CORRETO E NA HORA CERTA.
EI, HOJE EU FAÇO O CHÁ.
DEPOIS...
VOCÊ É A ÚNICA PESSOA QUE CONSEGUE ESTRAGAR UM CHÁ.
DESDE QUE COMECEI A ME ALIMENTAR CORRETAMENTE E A PURIFICAR O CORPO, ME SINTO MAIS LIMPO E MAIS LEVE. ESTOU PRONTO PARA QUALQUER COISA.
VAMOS LÁ, ME DÊ SEU MELHOR GOLPE.
BEBA!
O QUÊ? É UMA PIADA?
A VIDA É UMA PIADA. ISTO É TEQUILA.
SAÚDE!
AGORA É SAUDÁVEL BEBER E FUMAR?
NÃO. MAS, SE VOCÊ LEVAR A PUREZA E A DISCIPLINA MUITO A SÉRIO, A TENSÃO PODERÁ MATÁ-LO!

BEBA.
E O MEU TREINAMENTO?
ESTE É O SEU TREINAMENTO. VAMOS FECHAR O POSTO E SAIR PELA CIDADE.
A NOITE É UMA CRIANÇA.
TENHO DE ADMITIR, SOC. FOI UMA GRANDE IDEIA.
UMA VERGONHA, ISTO SIM - NOSSA PUREZA FOI POR ÁGUA ABAIXO.
A VIDA É TÃO PREVISÍVEL! VOCÊ NASCE, VIVE E MORRE.
NÃO NECESSARIAMENTE NESSA ORDEM.
HÃ? O QUE DISSE?
SUA MENTE ESTÁ VAGANDO DE NOVO PELO UNIVERSO?
QUERIA SABER O QUE ELA ESTÁ PENSANDO... NESTE MOMENTO. VOU ME CASAR COM ELA UM DIA.
QUEM, A DANÇARINA?
NÃÃÃO! JOY!
VAMOS EMBORA ENQUANTO VOCÊ AINDA CONSEGUE ANDAR.
DEIXE QUE EU PAGO.
NÃO, A CONTA É MINHA.
MINHA CARTEIRA SUMIU!
VOCÊ A PERDEU?
NÃO ACREDITO QUE A PERDI!
CONHECI UM CARA QUE PERDEU UM CAVALO.
O QUÊ?

ERA PAUPÉRRIMO E MORAVA COM O FILHO NUM BARRACO. TUDO O QUE TINHAM ERA UM CAVALO E UM ARADO. ENTÃO, O CAVALO FUGIU.
QUE AZAR. MAS O QUE ISSO TEM A VER...
UMA SEMANA DEPOIS O CAVALO VOLTOU TRAZENDO CONSIGO TRÊS GARANHÕES SELVAGENS.
VOCÊ ACHA QUE MINHA CARTEIRA VAI VOLTAR COM OUTRAS TRÊS?
ALGUNS DIAS DEPOIS, O FILHO DO LAVRADOR QUEBROU A PERNA AO TENTAR DOMAR UM GARANHÃO.
É MESMO? QUE PENA...
LOGO O EXÉRCITO APARECEU, CONVOCANDO TODOS OS JOVENS PARA A GUERRA. MAS DEIXARAM O FILHO DO LAVRADOR POR ESTAR DE PERNA QUEBRADA. ENTÃO, É DIFÍCIL SABER COM CERTEZA O QUE É SORTE E O QUE É AZAR.
QUER DIZER QUE TIVE SORTE DE PERDER A CARTEIRA?
NÃO. TEVE SORTE DE EU TÊ-LA ENCONTRADO.
EU DISSE: A CONTA É MINHA.
LÁ FORA, SÓCRATES PARA DE REPENTE.
O QUE FOI?
TEMOS COMPANHIA.
LEMBRA DO QUE LHE DISSE SOBRE AS TREVAS E A LUZ?
LEMBRO.
BEM, ÀS VEZES É PRECISO LIDAR COM AS TREVAS PARA VER A LUZ... HORA DE APRENDER DEFESA PESSOAL.
LIÇÃO UM: NINGUÉM TEM O DIREITO DE FERI-LO.
LIÇÃO DOIS: AS MELHORES ARMAS SÃO OS PÉS.
MAS DO OUTRO LADO HÁ MAIS DOIS LADRÕES.
PARA CHUTAR?
PARA CORRER! VAMOS!

NÃO FAÇA ISSO.
CALADO!
ESVAZIEM OS BOLSOS! DEPRESSA!
VOCÊ! DEPRESSA!
O CARA TEM UMA ARMA!
?
BLAM!

BRUNK!
IÁÁÁÁ!!!!
WHACK!
PARADO!
WHUMP!

BRUNK!
CRUNCH!
SOC! VOCÊ ESTÁ BEM?
LEVEI UM SOCO. VOU ESTAR BEM DAQUI A POUCO...
VOCÊ ME SALVOU A VIDA.
SUA HORA NÃO CHEGOU - AINDA.
ACHE UM TELEFONE E CHAME O RESGATE.

TEM CERTEZA DE QUE ESTÁ BEM?
TUDO ESTÁ BEM DO JEITO QUE ESTÁ.
NO DIA SEGUINTE, NUMA CORRIDA...
JOY?
E JOSEPH?

NO GINÁSIO...
ESTÁ FICANDO MAIS DIFÍCIL SURPREENDÊ-LO.
VOU ME SURPREENDER SE ESTIVER EM FORMA PARA AS SELETIVAS, EM 3 SEMANAS!
TENHO DE ME CONCENTRAR, MAS - ELA NÃO ME SAI DA CABEÇA.
MUITAS COISAS NÃO LHE SAEM DA CABEÇA.
POR ISSO, POR 24 HORAS A PARTIR DE AMANHÃ, QUERO QUE LEVE CONSIGO UM CADERNO E ANOTE TODOS OS PENSAMENTOS QUE LHE VIEREM À MENTE.
É BOM USAR UM CADERNO GRANDE.
AGORA FAÇA OUTRA SAÍDA. E QUANDO LARGAR A BARRA, LARGUE TAMBÉM A MENTE.

DIA SEGUINTE, DEPOIS DE UMA LONGA AULA...
EI, DAN! COMO VAI? O QUE ESTÁ FAZENDO?
HÃ... HUM.
OLÁ, SID.
A AULA ACABOU. PODE PARAR DE ESCREVER.
BEM, FOI BOM FALAR COM VOCÊ.

NAQUELA NOITE...
ESTÁ CHEIO, COMO MINHA MENTE. É UM BARULHO SÓ, COMO UM RÁDIO QUE NÃO CONSIGO DESLIGAR.
NÃO É PRECISO.
O QUÊ?
FIZ O MESMO EXERCÍCIO QUE VOCÊ.
ESTÁ CHEIO COMO O MEU! ACHEI QUE ESTARIA... VAZIO - OU CHEIO DE PENSAMENTOS POSITIVOS.
ÀS VEZES SIM, ÀS VEZES NÃO.
ENTÃO QUAL É A DIFERENÇA?
SÓ UMA - NÃO LEVO ESSES PENSAMENTOS A SÉRIO. IMAGINE A MENTE COMO UM CÃO LATINDO. NÃO É PRECISO SE LIVRAR DO CÃO, QUE LATE NATURALMENTE. MAS VOCÊ PODE LEVÁ-LO NA COLEIRA PARA QUE ELE NÃO O ARRASTE PELA RUA.
EU TREINEI MINHA MENTE - NA GINÁSTICA.
MAS, QUANDO TEM UM PENSAMENTO DE RAIVA, VOCÊ FICA RAIVOSO AUTOMATICAMENTE. QUANDO TEM UM PENSAMENTO TRISTE, FICA DEPRIMIDO. AINDA É MOVIDO PELAS ILUSÕES. REAGE A CADA PENSAMENTO COMO UMA MARIONETE.
E COMO ME LIBERTAR?
CONTEMPLE O QUE LHE VAI PELA CONSCIÊNCIA - OS FRAGMENTOS DE DIÁLOGO INTERIOR, AS IMAGENS...
NUNCA IMAGINEI QUE VOCÊ COSTURASSE.
SÓCRATES ENFIA A LINHA COM PERÍCIA.
ANTES, NÃO DISTINGUIA UM ALINHAVO DE UM PONTO-CRUZ. MINHA MULHER É QUEM COSTURAVA. COMECEI QUANDO ELA MORREU. AINDA PRECISO REMENDAR MINHAS ROUPAS E ASSIM ME LEMBRO DELA.
PARA MIM, COSTURAR É UMA FORMA DE MEDITAÇÃO.
ISSO ME LEMBRA QUE, NO GINÁSIO, SEU ÚLTIMO MOVIMENTO FOI MALFEITO.
FOI A MELHOR SAÍDA DA NOITE!
A SAÍDA FOI BOA. ESTOU FALANDO DE QUANDO GUARDOU O EQUIPAMENTO NA MOCHILA.

MAS ISSO NÃO FOI UM MOVIMENTO. FOI...
?
PARA QUE ISSO?
QUANDO PEGOU A CANECA, NO QUE ESTAVA PENSANDO?
EM NADA. SÓ NA CANECA.
ISSO MESMO. NÃO ESTAVA PERDIDO EM SEUS SONHOS E DEVANEIOS HABITUAIS. ESTAVA AQUI, AGORA.
É COMO NO GINÁSIO, QUANDO ESTOU BEM CONCENTRADO.
NEM SEMPRE VOCÊ ESTÁ NO GINÁSIO. ESTÁ NO MUNDO.
E DAÍ?
A DIFERENÇA ENTRE NÓS, DAN, É QUE VOCÊ PRATICA GINÁSTICA E EU PRATICO TUDO.
O QUÊ?
CONSIDERA A GINÁSTICA ESPECIAL E O RESTO, COMUM. PARA MIM NÃO EXISTEM MOMENTOS COMUNS. A TUDO QUE FAÇO - ANDAR, RESPIRAR, COMER - DEDICO A MESMA ATENÇÃO QUE VOCÊ DEDICA A UM DUPLO MORTAL. ESSE, DAN, É O SEGREDO DO CAMINHO DO GUERREIRO E A CHAVE DO PORTAL.
BOINK
EI, NINGUÉM É PERFEITO.
POR ISSO AINDA PRATICO TUDO.
ESSE PORTAL - ONDE FICA?
ESTÁ BEM AQUI, BEM AGORA.
E POR QUE NÃO O VEJO?
PORQUE VOCÊ NÃO ESTÁ AQUI NEM AGORA - AINDA NÃO. POR ISSO, SÓ POSSO APONTAR O CAMINHO.
QUANDO EU ENCONTRAR E ATRAVESSAR ESSE PORTAL - DIGAMOS - SEREI CAPAZ DE LER OS PENSAMENTOS DAS PESSOAS, COMO VOCÊ?
ANTES DE LER OS PENSAMENTOS DAS PESSOAS, TEM DE APRENDER A LER OS SEUS.
ESTÁ FALANDO DA MEDITAÇÃO, CERTO? BEM, HÁ 3 SEMANAS QUE ESTOU MEDITANDO...
JOSEPH ME ENSINOU E ELA FUNCIONA MESMO! ME SINTO MUITO MAIS SERENO E EM PAZ...

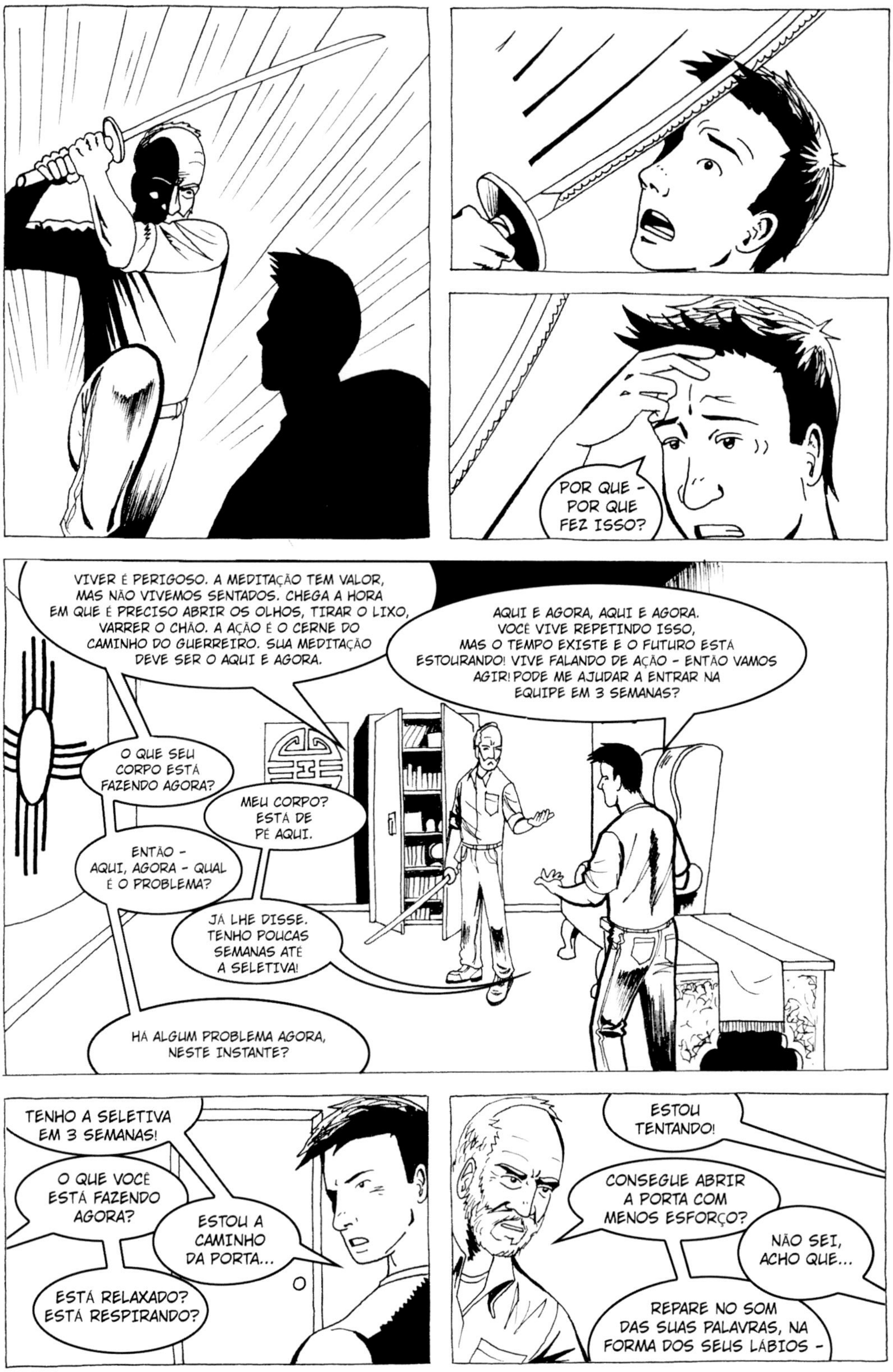
POR QUE - POR QUE FEZ ISSO?
VIVER É PERIGOSO. A MEDITAÇÃO TEM VALOR, MAS NÃO VIVEMOS SENTADOS. CHEGA A HORA EM QUE É PRECISO ABRIR OS OLHOS, TIRAR O LIXO, VARRER O CHÃO. A AÇÃO É O CERNE DO CAMINHO DO GUERREIRO. SUA MEDITAÇÃO DEVE SER O AQUI E AGORA.
AQUI E AGORA, AQUI E AGORA. VOCÊ VIVE REPETINDO ISSO, MAS O TEMPO EXISTE E O FUTURO ESTÁ ESTOURANDO! VIVE FALANDO DE AÇÃO - ENTÃO VAMOS AGIR! PODE ME AJUDAR A ENTRAR NA EQUIPE EM 3 SEMANAS?
O QUE SEU CORPO ESTÁ FAZENDO AGORA?
MEU CORPO? ESTÁ DE PÉ AQUI.
ENTÃO - AQUI, AGORA - QUAL É O PROBLEMA?
JÁ LHE DISSE. TENHO POUCAS SEMANAS ATÉ A SELETIVA!
HÁ ALGUM PROBLEMA AGORA, NESTE INSTANTE?
TENHO A SELETIVA EM 3 SEMANAS!
O QUE VOCÊ ESTÁ FAZENDO AGORA?
ESTOU A CAMINHO DA PORTA...
ESTÁ RELAXADO? ESTÁ RESPIRANDO?
ESTOU TENTANDO!
CONSEGUE ABRIR A PORTA COM MENOS ESFORÇO?
NÃO SEI, ACHO QUE...
REPARE NO SOM DAS SUAS PALAVRAS, NA FORMA DOS SEUS LÁBIOS -

BOA NOITE, SÓCRATES.
AINDA NÃO.
?
LEVANTE O OLHAR PARA O NÚCLEO DO PENSAMENTO... SINTA A ENERGIA SUBINDO AO CÉU DA MENTE...
ENTRE NO VÃO ENTRE O SONO E A VIGÍLIA...
ENTRE A VIDA E A MORTE.
ENCONTRE O PORTAL!
COMECE A VIAGEM AGORA, MAS CUIDADO - A MENTE TRAPACEIRA USA MUITAS MÁSCARAS...
E O PORTAL É VIGIADO POR UM DEMÔNIO CHAMADO MEDO...

PASSADO E FUTURO SÃO ILUSÓRIOS. NÃO LHES DÊ IMPORTÂNCIA.
SÓ O PRESENTE É REAL.
MAS COMO PERCEBER A DIFERENÇA, SÓCRATES?
COMO SABER?
KTANG!
ZWIP
IÁÁÁÁÁÁ!
AAAHHH!!
SE DESCOBRIR SEU VERDADEIRO INIMIGO, SE DARÁ MELHOR NA PRÓXIMA VEZ.
ASSIM ESPERO.
NÃO POSSO ASSISTIR A ESSAS COISAS NA TV, COMO TODO MUNDO?

É UMA PIADA?
NÃO. É TUDO O QUE POSSO LHE ENSINAR.
PARADOXO?
Guerreiro Pacífico Ltda.
Sócrates, às suas ordens.
Oferece:
Paradoxo, Humor e Mudança
A VIDA NASCE DO MISTÉRIO. É IMPREVISÍVEL E INCONTROLÁVEL.
E O HUMOR?
UM DIA VOCÊ VAI ENTENDER A PIADA DO COSMOS. ATÉ LÁ, NÃO SE LEVE TÃO A SÉRIO.
E A MUDANÇA?
A ÚNICA CONSTANTE. COMO DISSE UM COLEGA MEU - O BUDA - COM TÍPICA ELEGÂNCIA...
"TUDO QUE COMEÇA, TERMINA. FAÇA AS PAZES COM ISSO E VIVERÁ BEM."
GUARDE ESSE CARTÃO. NÃO O PERCA. SE PRECISAR DE MIM DE VERDADE, PEGUE-O NA MÃO E CHAME.
EU VIREI.
ESTÁ BRINCANDO, CERTO? É ESSE LANCE DO HUMOR?
ESTOU COM CARA DE QUEM ESTÁ BRINCANDO?

NAQUELA NOITE, NO APARTAMENTO...
DAN VÊ O CARTÃO ENTRE SUAS COISAS...
Guerreiro Pacífico Ltda.
Sócrates, às suas ordens.
Oferece:
Paradoxo, Humor e Mudança
VAMOS LÁ, VELHO MAGO. MOSTRE SUA MAGIA.
CHAMANDO SÓCRATES... VENHA, SÓCRATES. QUERO VER SE CONSEGUE!
E ENTÃO?
EU BEM QUE IMAGINAVA...
QUANDO DAN DÁ UM PASSO, AS LUZES SE APAGAM!
O QU...
CRASH!
DE REPENTE, VOLTAM A ACENDER...
DROGA, SÓCRATES!
Guerreiro Pacífico Ltda.
Sócrates, às suas ordens.
Oferece:
Paradoxo, Humor e Mudança
SÓ PARA EMERGÊNCIAS!

O GINÁSIO ESTÁ TRANCADO. COMO ENTROU?
ALGUMAS NOITES DEPOIS...
DEI UM JEITINHO... TÁ BOM, JOGUEI UM CHARME NO SAM. VOCÊ ESTÁ TÃO SÉRIO HOJE!
JOSEPH ME FALOU DA DOENÇA DELE.
É, EU SEI.
VOCÊ O AMA?
É CLARO QUE SIM. E ELE ME AMA.
HUM.
HA HA HA!
NÃO! ELE NÃO DISSE NADA?
DISSE O QUÊ?
SOU IRMÃ DELE, SEU TONTO!
O QUÊ? AH! QUE ÓTIMO! HÃ... NÃO QUE ELE ESTEJA DOENTE, MAS QUE...
ENTENDI O QUE QUIS DIZER, DAN MILLMAN. AGORA ME MOSTRE UM POUCO DE CLASSE NA BARRA FIXA.
AO DEMONSTRAR SEUS MOVIMENTOS, DAN PREPARA A SAÍDA...

KRIK
AH, DROGA!
DEIXE-ME DAR UMA OLHADA.
PRECISA DE MAIS ALGUMA COISA?
DEIXE COMIGO. A MENOS QUE QUEIRA ME PÔR NA CAMA.
É MELHOR CONCENTRAR SUA ENERGIA NA PERNA.
É O QUE VOU FAZER.

EI, SOC, SÓ POSSO FICAR UM MINUTO. TENHO AS SELETIVAS...
BEM, OBRIGADO POR APARECER. ESTOU PRECISANDO DE AJUDA.
HUM, ONDE QUER QUE EU PONHA?
PRECISO ABASTECER AS PRATELEIRAS...
JÁ CHEGA!
SÓ MAIS ALGUMAS...
JÁ CHEGA. NÃO AGUEN...
QUASE LÁ...
CHEGA. NÃO AGUENTO!
SÓ MAIS UMINHA...
AAHHHH!
BANG!
CLATTER!
FOI UM TESTE, NÃO É? E FRACASSEI.
ÓTIMO.
A VIDA NÃO SE MEDE EM SUCESSO E FRACASSO, DAN. VIVER É VENCER NOSSOS LIMITES.
TÁ BOM, ENTENDI.
BEM, CHEGOU A HORA DE DESCOBRIR.

SOC, NÃO VIM SÓ PARA DIZER OI... É SOBRE O CARTÃO QUE VOCÊ ME DEU.
O QUE TEM ELE?
BEM... ELE MUDA?
TUDO MUDA.
?
MAS - NÃO TEM NADA!
POIS É.
EM TODO CASO, COMO LHE DISSE, GUARDE-O BEM.

EI, MILLMAN! COMO VÃO AS COISAS?
VOCÊ VEIO AJUDAR?
Seletivas Para o Nacional HOJE
ASSIM ESPERO...
NÃO SEI COMO CONSEGUIMOS NOS CLASSIFICAR PARA O NACIONAL SEM VOCÊ. VAMOS SENTIR SUA FALTA.
BOM VÊ-LO, DAN! QUE TAL ME AJUDAR COMO JUIZ HOJE?
NÃO POSSO, TREINADOR. VOU COMPETIR.
SEI. BEM QUE EU GOSTARIA...
EI, ESTÁ FALANDO SÉRIO?
ESTOU.
?
DAN, SEI QUE QUER AJUDAR A EQUIPE, MAS... SEM CHANCE. O QUE ESTÁ PENSANDO? O ACIDENTE MOEU SUA PERNA.
MAIS TARDE, NO FIM DA APRESENTAÇÃO DE SID...
Cal
9,4 PARA SID. BASTA PARA O SOLO. CAVALO COM ALÇAS EM CINCO MINUTOS –
Cal
DAN FAZ A SAUDAÇÃO ANTES DE COMEÇAR.

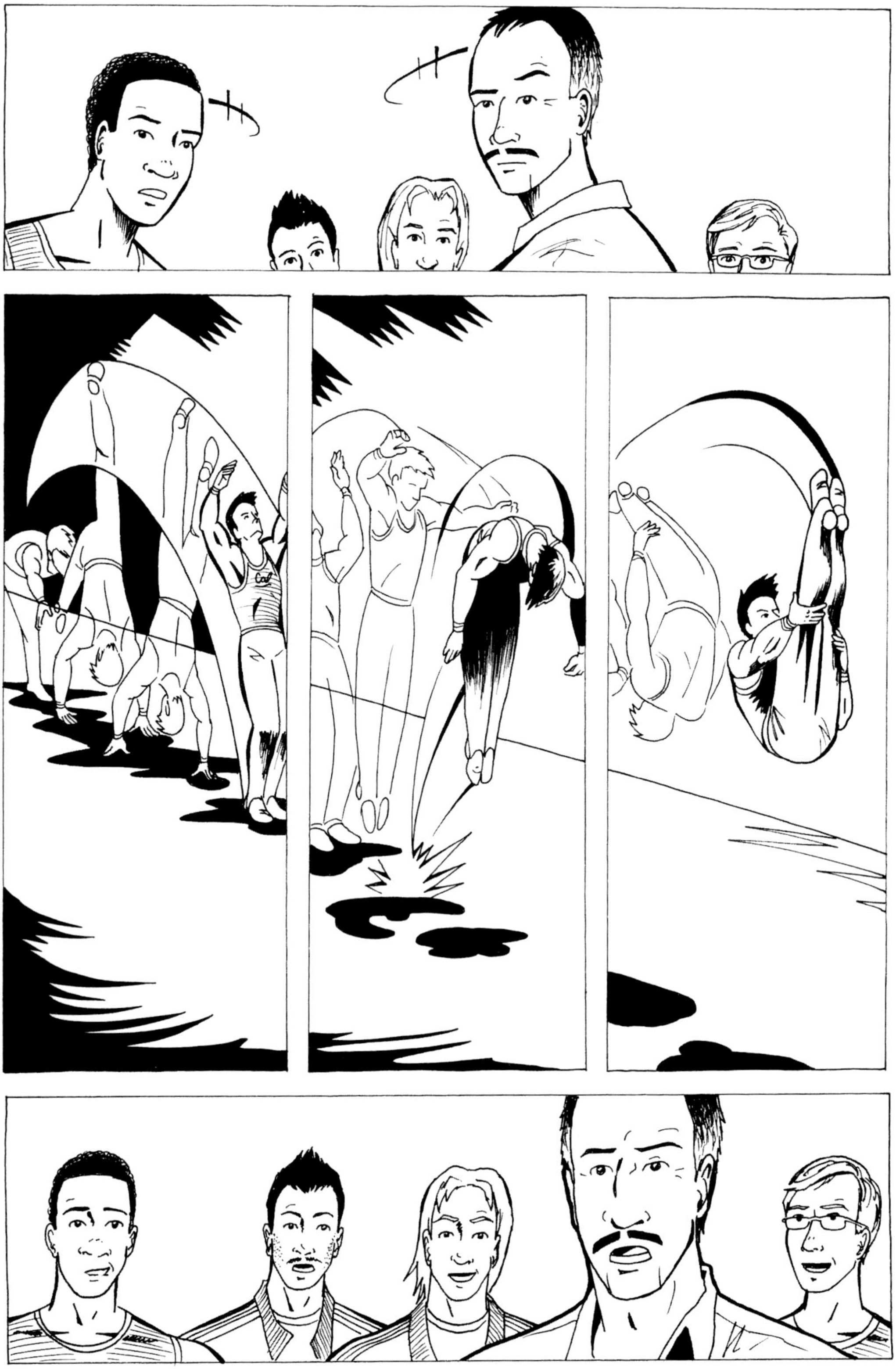

BOA!
ISSO!
MUITO
BEM!

AO CHEGAR NO APARTAMENTO...
Dan
...DAN ENCONTRA UM BILHETE.
JOY QUER ME VER!
NAQUELA NOITE...
ENTREI NA EQUIPE! NUNCA TERIA CONSEGUIDO SEM VOCÊ E O SOC.
VAMOS FAZER ALGO DIFERENTE HOJE PARA COMEMORAR!
O QUE FOI?
VOU EMBORA, DAN.
HOJE.
NÃO PODERIA IR SEM AVISÁ-LO...
SEM ME DESPEDIR...
MAS POR QUANTO TEMPO?
JOY - QUANDO VOCÊ VAI VOLTAR?
NÃO SEI.
DEPENDE.

DO QUÊ?
DE MUITAS COISAS.
QUE COISAS? FALE COMIGO!
A VIDA É COMPLICADA.
SABIA QUE ISSO ACONTECERIA... SÓ NÃO SABIA QUANDO.
É...
...O JOSEPH.
ESTÁ COMEÇANDO A SENTIR A DOENÇA. TENHO QUE FICAR COM ELE. ELE NÃO TEM MAIS NINGUÉM.
ELE PEDIU QUE VOCÊ CUIDASSE DELE?
ELE JAMAIS FARIA ISSO - QUANDO NOSSOS PAIS MORRERAM, FOMOS MORAR COM UM TIO BÊBADO E VIOLENTO...
UM DIA ELE... ...TENTOU ME FAZER MAL.
JOSEPH O IMPEDIU E FUGIMOS. EU TINHA DEZ ANOS. ELE CUIDOU DE MIM... PASSOU FOME PARA ME ALIMENTAR.
AGORA TENHO A CHANCE DE AJUDÁ-LO. ENTENDE?
IREI COM VOCÊ.
NÃO. NÃO PODE. SEU CAMINHO É OUTRO, DAN - E NÃO TEM ESPAÇO PARA DUAS PESSOAS.
NÃO É A HORA DE FICARMOS JUNTOS.
QUEM DISSE ISSO - SÓCRATES?
NÃO ACREDITO NISSO. NEM ACREDITAREI!
NÃO TEM A VER COM VOCÊ OU COM O QUE VOCÊ QUER, OU COM O QUE EU POSSO VIR A QUERER. SE GOSTA DE MIM, SE ME RESPEITA, DEIXE-ME IR.

MAIS TARDE...
VOCÊ NÃO TEM O DIREITO DE SE METER NA MINHA VIDA!
MAS NÃO É ISSO O QUE VIVEMOS FAZENDO? - INTERFERINDO NAS VIDAS UNS DOS OUTROS?
ENTÃO DIGA PARA ONDE A JOY VAI!
ACHO QUE NEM ELA SABE AINDA.
PRECISAMOS CONVERSAR. MAS NÃO AQUI...
PODE ME ACOMPANHAR ATÉ A TRILHA DO FOGO?
VOU DESCANSAR AQUI UM POUCO.
TUDO BEM, SOC?
TUDO CERTO.

DE REPENTE, DAN SENTE ALGO NO VENTO...
SÓCRATES?
NÃO!!

MEU DEUS, NÃO...
VAMOS LÁ, SOC.
NÃO MORRA ASSIM.
NÃO DESISTA DE MIM!
NÃO ME DEIXE!

LUB DUB
LUB DUB
SOC?
SOC! VOCÊ ESTÁ VIVO!
PERCEBI.
COMO SE SENTE?
É A PERGUNTA MAIS IDIOTA QUE JÁ OUVI. PARECE QUE UM TREM ME ATROPELOU...
VOCÊ ESTÁ BRILHANDO, SABIA?
É...
VIDA ÍNTEGRA.

AMBULÂNCIA
A ESTRADA QUE PERCORREMOS JUNTOS ACABA AQUI.
NÃO DIGA ISSO! ELES O ESTABILIZARAM.
VOCÊ VAI FICAR...
NÃO DESPERDICE O POUCO TEMPO QUE NOS RESTA!
AGORA ESCUTE. NA MINHA ESCRIVANINHA TEM UM DIÁRIO - PESSOAS E LUGARES PELO MUNDO AFORA - PARA AJUDÁ-LO NO QUE ESTÁ POR VIR.
PARE DE FALAR COMO SE VOCÊ FOSSE MORRER!
TODOS MORREM, DAN. ACALME-SE - NÃO HÁ PERIGO NA MORTE.
O TRISTE É QUE POUCAS PESSOAS REALMENTE VIVEM...
QUE LUGAR É ESTE?

A TERRA É UM SER VIVO... E NÓS, CÉLULAS DE SEU CORPO. TUDO É UM SÓ CORPO, E TUDO, ATÉ MESMO AS PEDRAS, FAZ PARTE DESTE SER.

VOCÊ É FEITO DA MESMA MATÉRIA QUE AS ESTRELAS...
...E UM DIA VOLTARÁ PARA CASA.
DAN ACORDA DE SEU SONHO...
E, EM SILÊNCIO, PARTILHA AS IMPRESSÕES DE SUA VISÃO COM SÓCRATES.
108
84
97

LICENÇA, TREINADOR.
NÃO SEI COMO DIZER ISSO, MAS NÃO POSSO - NÃO VOU PARA O CAMPEONATO NACIONAL COM VOCÊS.
DO QUE VOCÊ ESTÁ FALANDO? DEPOIS DE TANTO TREINO? CONTÁVAMOS COM VOCÊ!
TEM ALGO QUE PRECISO FAZER.
DESCULPE... ESPERO - SEI QUE VOCÊS SE SAIRÃO MUITO BEM...
BOM, FAÇA O QUE TIVER QUE FAZER, DAN...
ESTOU AQUI, SOC. É O QUE EU QUERO - O QUE REALMENTE IMPORTA. SEI DISSO AGORA.
NÃO. VÁ. SIGA SUA VISÃO. FAÇA O QUE VOCÊ NASCEU PARA FAZER, PELO QUE TANTO TREINOU. VOCÊ NÃO PODE ME AJUDAR AGORA. NÃO PRECISO DE VOCÊ AQUI.
TERMINE ISSO. DEPOIS, O PORTAL...
NÃO POSSO ABANDONÁ-LO.
MEU CAMINHO QUASE TERMINOU, O SEU ESTÁ APENAS COMEÇANDO.
COMO... COMO CONSEGUIREI SEM VOCÊ?
ONDE QUER QUE VÁ, O CAMINHO SURGIRÁ. CONFIE NISSO. E, ENFRENTE O QUE ENFRENTAR, ESTAREI COM VOCÊ. NOSSOS DESTINOS ESTÃO LIGADOS.
COMO A VIDA É ESTRANHA.
UM PESADELO ME FAZ ENCONTRÁ-LO, E UM SONHO O TIRA DE MIM...

NO CAMPEONATO DA NCAA...
POUCOS TÉCNICOS TÊM A CHANCE DE ESTAR ONDE ESTOU.
POR ISSO, AGRADEÇO A VOCÊS.
ACONTEÇA O QUE ACONTECER, QUERO QUE SAIBAM QUE SÃO A MELHOR EQUIPE COM QUE TRABALHEI. SE ALGUÉM MERECE GANHAR, SÃO VOCÊS...
Cal
SEI QUE ESTAVAM FELIZES POR VER A RECUPERAÇÃO DO DAN E QUE ESTAMOS TODOS DECEPCIONADOS POR ELE NÃO ESTAR AQUI. MAS SABEMOS QUE DEVE TER SIDO POR ALGO IMPORTANTE...
UM MONTE DE COISAS NO MUNDO SÃO MAIS IMPORTANTES QUE GANHAR UMA COMPETIÇÃO. MAS HÁ UMA PARTE DO MUNDO AQUI, AGORA. VOCÊS TREINARAM MUITO PARA ISTO E SEI QUE ESTARÃO À ALTURA DA OCASIÃO...

ALGUNS ANOS ATRÁS, ENCONTREI UM MECÂNICO DE POSTO DE GASOLINA E ACABAMOS CONVERSANDO.
ELE DISSE COISAS MUITO INTERESSANTES QUE MUDARAM MINHA FORMA DE PENSAR.
ENTÃO, NÃO VOU FAZER UM DISCURSO MOTIVACIONAL. NEM MESMO VOU PEDIR QUE VENÇAM, POIS O VELHO ME LEMBROU QUE NÃO PODEMOS CONTROLAR O QUE A VIDA NOS DÁ. CONTROLAMOS APENAS A NÓS MESMOS.
TUDO O QUE PODEMOS FAZER É VIR E DAR NOSSO MELHOR.
ENTÃO SÓ POSSO PEDIR PARA VOCÊS FOCAREM A...
PERFEIÇÃO NO MOMENTO.
ESTAVA PENSANDO SE AINDA NÃO TEM LUGAR PARA MIM NA EQUIPE.
VIVA!
ISSO!
SABIA QUE ELE VIRIA.
É. VOCÊ SEMPRE FOI MÉDIUM, SID.

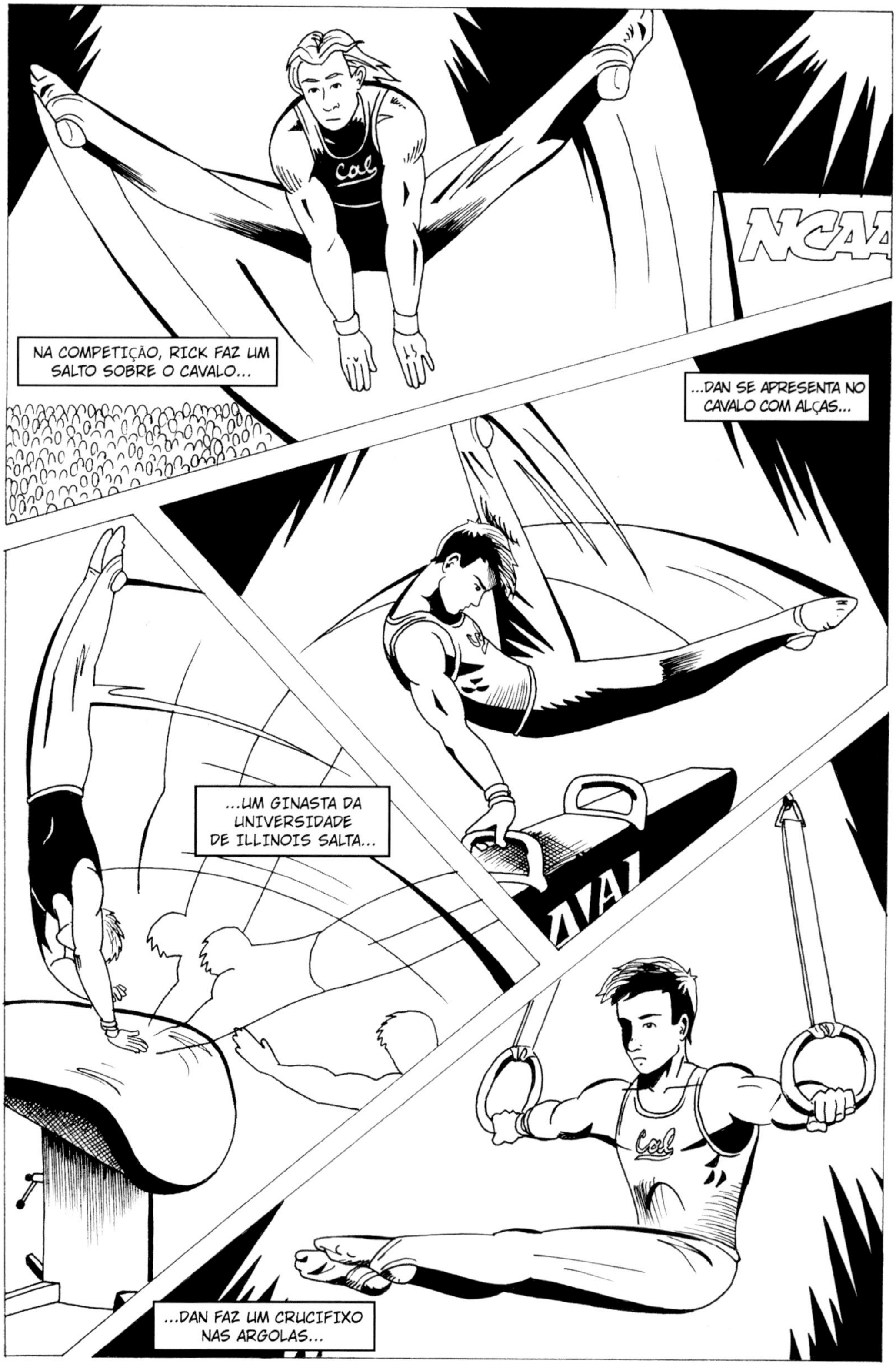
NA COMPETIÇÃO, RICK FAZ UM SALTO SOBRE O CAVALO...
NCAA
...DAN SE APRESENTA NO CAVALO COM ALÇAS...
...UM GINASTA DA UNIVERSIDADE DE ILLINOIS SALTA...
...DAN FAZ UM CRUCIFIXO NAS ARGOLAS...

SID EMPOLGA A PLATEIA AO TERMINAR SUA APRESENTAÇÃO NO SOLO...
...COM UM MORTAL PARA TRÁS COM TRIPLO TWIST.
OUTRO GINASTA DE ILLINOIS EXECUTA UM MOVIMENTO AVANÇADO NAS BARRAS PARALELAS.

O LOCUTOR ANUNCIA AS PONTUAÇÕES...
A UNIVERSIDADE DE ILLINOIS ESTÁ DOIS PONTOS NA FRENTE QUANDO COMEÇA O AQUECIMENTO FINAL PARA A BARRA FIXA.
AINDA TEMOS UMA CHANCE SE TODOS SE DEREM BEM. TOM, VOCÊ VAI PRIMEIRO. DEPOIS VÃO LONNIE, RICK, SID E DAN.

DE REPENTE, O TÉCNICO OLHA PARA OS LADOS...
CADÊ MILLMAN?
?
O LOCUTOR...
O AQUECIMENTO ACABOU. OS GINASTAS QUEIRAM SE SENTAR.
O PRIMEIRO É HAL KRAMER, DA UNIVERSIDADE DE ILLINOIS.
DAN OLHA PELA JANELA NUMA ESCADA ISOLADA DO GINÁSIO...
LOGO...
ELE NÃO ESTÁ NO BANHEIRO. E OLHAMOS EM TODO LUGAR DO VESTIÁRIO.
NÃO SEI...
ONDE ELE SE METEU?
ELE VIRÁ.
AGORA, O ÚLTIMO COMPETIDOR DO CAMPEONATO: DAN MILLMAN, DA UNIVERSIDADE DA CALIFÓRNIA.
ESTOU AQUI, TREINADOR.
UFA!
NUNCA MAIS FAÇA ISSO!
VOU COMPENSÁ-LO.
PERFEIÇÃO NO MOMENTO, CERTO?
Cal

MEU DEUS!
QUE FOI?
CALCULEI ERRADO.
CALCULOU ERRADO O QUÊ?
DAN PRECISA DA NOTA MÁXIMA PARA GANHARMOS, TREINADOR.
MAS ELE NUNCA CHEGOU PERTO...
NEM MESMO ANTES...

Cal

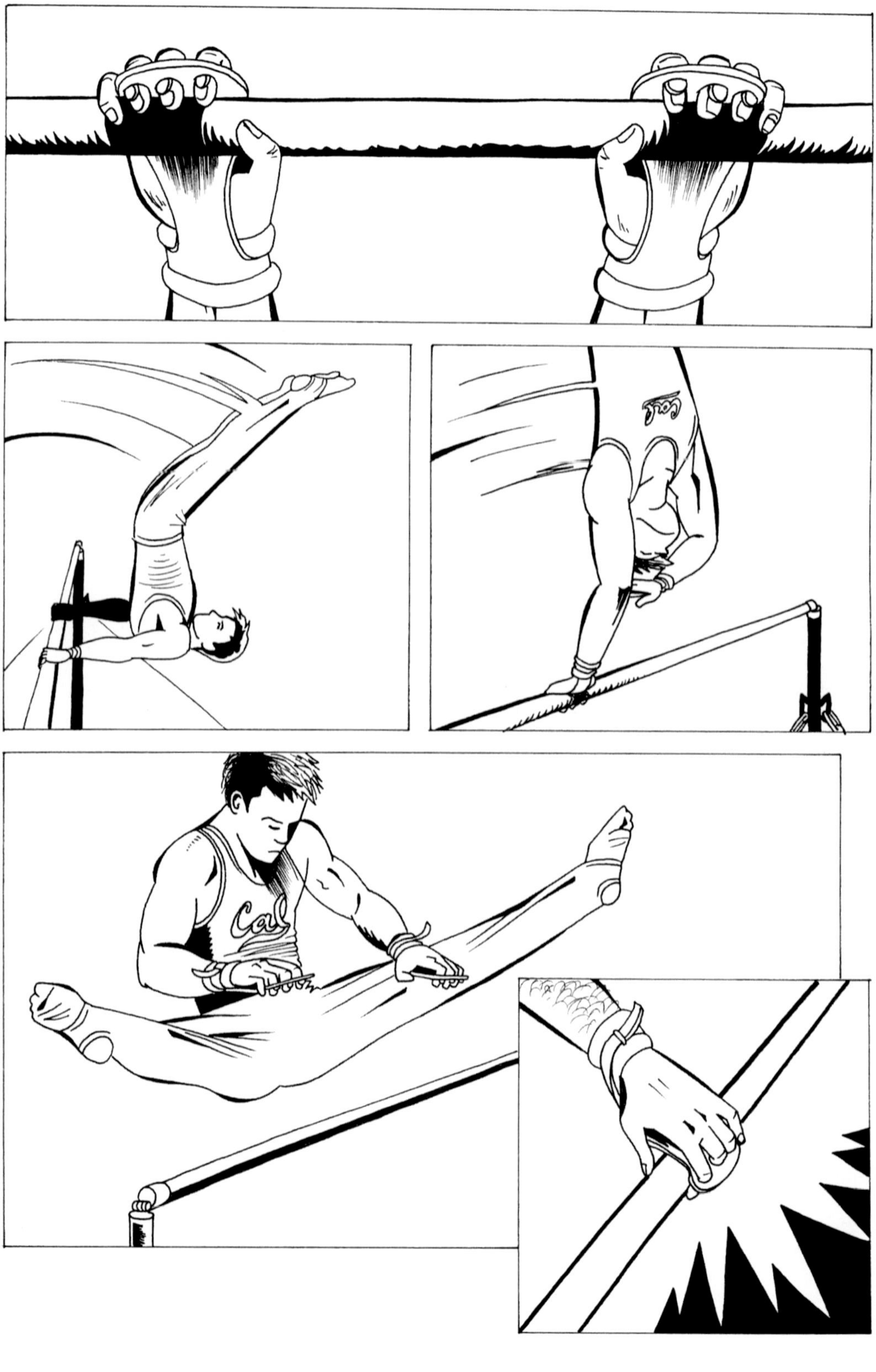
Cal

DAN GIRA MAIS RÁPIDO, PREPARANDO A SAÍDA...
AO MESMO TEMPO, NO HOSPITAL...
DOUTOR, ELE ESTÁ MORRENDO!
DAN DECOLA, RODOPIANDO...
AFASTEM-SE!
GZZZZZZZZZ

A PRESS
B PRESS
BEEEEEEEP-
VITÓRIA!
E MORTE. A MORTE DE UM SÁBIO, UM GUERREIRO, UM MENTOR, UM AMIGO.

A EQUIPE VAI ÀS ALTURAS. DAN ESTÁ SATISFEITO, MAS ESTRANHAMENTE CALMO, ENQUANTO PERCORRE AS ARQUIBANCADAS COM O OLHAR...
SERÁ POSSÍVEL?
AO OLHAR DE NOVO...

A EQUIPE COMEMORA NOITE ADENTRO, ASSISTINDO AOS DESTAQUES DA COMPETIÇÃO...
DAN SENTE COMO SE TUDO ISSO FOSSE UM FILME VELHO. REPOUSANDO NO PRESENTE, ELE PERCEBE O QUANTO SÓCRATES O ENSINOU.
A AGITAÇÃO PASSOU, SUBSTITUÍDA POR UM VAZIO SERENO, DO QUAL NASCE UM DESEJO POR ALGO MAIS...
DAN COMEÇA UMA VIAGEM DE 9 ANOS PELO MUNDO, BUSCANDO ALGO QUE AINDA NÃO SABE DEFINIR.
DURANTE O LONGO VOO RUMO AO ORIENTE, TEM TEMPO PARA REFLETIR.
DEVE SER A NATUREZA HUMANA. ASSIM QUE TERMINAMOS DE ESCALAR UMA MONTANHA, JÁ PROCURAMOS OUTRA.
MINHA MONTANHA ME ESPERA EM ALGUM LUGAR. MAS NÃO ESTOU PRONTO. AINDA NÃO. TENHO QUE ME PREPARAR, POR MAIS QUE DEMORE.
ATÉ SABER QUE ESTOU PRONTO. DAÍ, COMO SOC DISSE, TEREI QUE SEGUIR MEU PRÓPRIO NARIZ E CONFIAR NOS MEUS INSTINTOS...
ATÉ ENCONTRAR O PORTAL.

AO LONGO DE MESES E ANOS,
DAN VIAJA PELO MUNDO E PELOS CANTOS
OCULTOS DA SUA MENTE E CORAÇÃO...

TREINA COM VÁRIOS OUTROS
MENTORES, EM VÁRIAS
ESCOLAS E DISCIPLINAS...

SE PREPARANDO PARA ALGO
QUE AINDA NÃO PODE VER,
PROVAR OU TOCAR...
...MAS QUE SENTE
ESTAR LÁ, ESPERANDO
POR ELE.

SEMPRE PENSA EM SÓCRATES E NO QUE ELE LHE ACONSELHARIA.
PERCEBE QUE UMA PARTE DE SÓCRATES VIVE COM ELE AGORA.
FINALMENTE, DEPOIS DE NOVE ANOS DE TREINAMENTO E PREPARAÇÃO, O CAMINHO DE DAN O LEVA NOVAMENTE PARA A CALIFÓRNIA, PARA A NATUREZA VIRGEM NO ALTO DA SIERRA NEVADA, ONDE REGISTRA SUAS LEMBRANÇAS NUM DIÁRIO.
"AONDE QUER QUE MEU CAMINHO TENHA ME LEVADO, ENCONTREI SEMPRE AS MESMAS QUESTÕES.
QUEM SOU EU?
QUAL É O SENTIDO DA MINHA VIDA?
ONDE ESTÁ O PORTAL ALÉM DA MENTE, DO PASSADO E DO FUTURO, DA VIDA E DA MORTE?
CONHECI MUITOS MESTRES, VI MUITAS ESCOLAS, MAS NÃO ENCONTREI NENHUMA RESPOSTA DEFINITIVA.
FINALMENTE, VIM AQUI PARA ENFRENTAR A ESCURIDÃO QUE TEMI POR TODOS ESSES ANOS."

"PASSEI MUITO TEMPO SOZINHO, ME PREPARANDO PARA O QUE ESTÁ POR VIR.
Who am I?
NÃO TENHO CERTEZA DE NADA, MAS SINTO QUE DEVO ESTAR AQUI - E QUE, OU VOU ENCONTRAR O QUE PROCURO, OU VOU ME PERDER NA FLORESTA."
is to come.
UMA FIGURA DE LUZ APARECE DO NADA. DAN PERCEBE QUE NÃO ESTÁ SOZINHO.
ESTÁ NA COMPANHIA DE UM AMIGO...

OLÁ, SÓCRATES.
ESTA VISITA SERÁ BREVE.
ENTENDO. ESPERAVA QUE VOCÊ ME VISITASSE. GUARDEI SEU CARTÃO...
ENTÃO O QUE VOCÊ APRENDEU EM TODOS ESSES ANOS?
PARA COMEÇAR, APRENDI A FAZER CHÁ.
EM ALGUNS MOMENTOS PENSEI TER VISTO JOY - NUMA RUA CHEIA DE GENTE, NUMA FLORESTA E NOS MEUS SONHOS.
AINDA O ROMÂNTICO INCURÁVEL, PELO QUE VEJO.
ACHO QUE SIM. MAS NÃO SOU MAIS O MESMO JOVEM TOLO QUE ENTROU NO POSTO DE GASOLINA DEZ ANOS ATRÁS.
NÃO É MAIS TOLO?
UM TOLO, TALVEZ. MAS NÃO TÃO JOVEM...

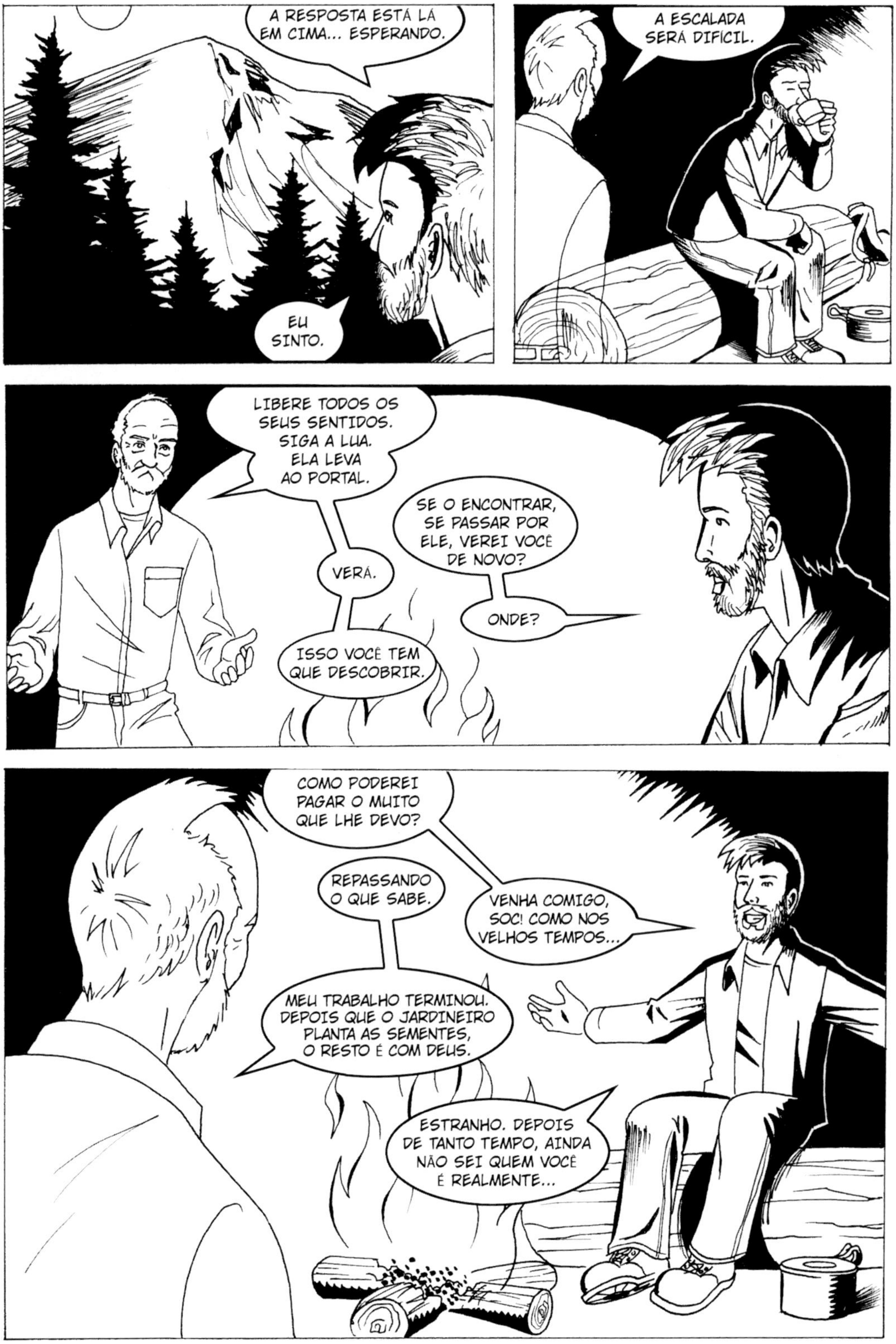
A RESPOSTA ESTÁ LÁ EM CIMA... ESPERANDO.
EU SINTO.
A ESCALADA SERÁ DIFÍCIL.
LIBERE TODOS OS SEUS SENTIDOS. SIGA A LUA. ELA LEVA AO PORTAL.
SE O ENCONTRAR, SE PASSAR POR ELE, VEREI VOCÊ DE NOVO?
VERÁ.
ONDE?
ISSO VOCÊ TEM QUE DESCOBRIR.
COMO PODEREI PAGAR O MUITO QUE LHE DEVO?
REPASSANDO O QUE SABE.
VENHA COMIGO, SOC! COMO NOS VELHOS TEMPOS...
MEU TRABALHO TERMINOU. DEPOIS QUE O JARDINEIRO PLANTA AS SEMENTES, O RESTO É COM DEUS.
ESTRANHO. DEPOIS DE TANTO TEMPO, AINDA NÃO SEI QUEM VOCÊ É REALMENTE...

EM SEGUIDA, IMAGENS FUGIDIAS APARECEM EM VOLTA DE SÓCRATES - IDENTIDADES DE OUTROS TEMPOS, LUGARES E CULTURAS.

ADEUS, MEU AMIGO.
ENTRE AMIGOS COMO NÓS, NÃO HÁ DESPEDIDAS...
POUCAS HORAS DEPOIS, DAN COMEÇA A ÚLTIMA ESCALADA, QUE PODE LIBERTÁ-LO OU DESTRUÍ-LO.

AO AMANHECER...
DAN CHEGA NUMA ENCRUZILHADA, UMA DAS ESCOLHAS DA VIDA.
NÃO HÁ COMO SABER QUAL É A MELHOR, MAS ELE SENTE QUE UM DOS CAMINHOS O CHAMA, BRILHANDO UM POUCO MAIS - O MENOS PERCORRIDO.
UMA HORA DEPOIS, CHEGA A UMA VERTENTE ROCHOSA E UM PENHASCO.

DEPOIS DE ESCALAR MAIS DE 300 METROS...
DAN ENCONTRA UMA FENDA NA ROCHA E PASSA POR ELA.
SÓ HÁ UM CAMINHO AGORA.

POUCAS HORAS DEPOIS...
ELE DESCOBRE UMA SAIDA, MAS...
ALGO COMEÇA A SE FORMAR, BLOQUEANDO O CAMINHO...
SEUS SONHOS OBSCUROS GANHAM VIDA COM A APARIÇÃO DO ESPECTRO.

DAN SE LEMBRA DO QUE SEU PAI LHE DISSE...
"NÃO TEM PROBLEMA SENTIR MEDO, DANNY... MAS VOCÊ NÃO PODE DEIXAR QUE O MEDO O DETENHA."
ENTÃO ELE OUVE SÓCRATES...
"CHEGOU A HORA DE SALTAR DE NOVO..."
A SOMBRA COMEÇA A MUDAR DE FORMA...

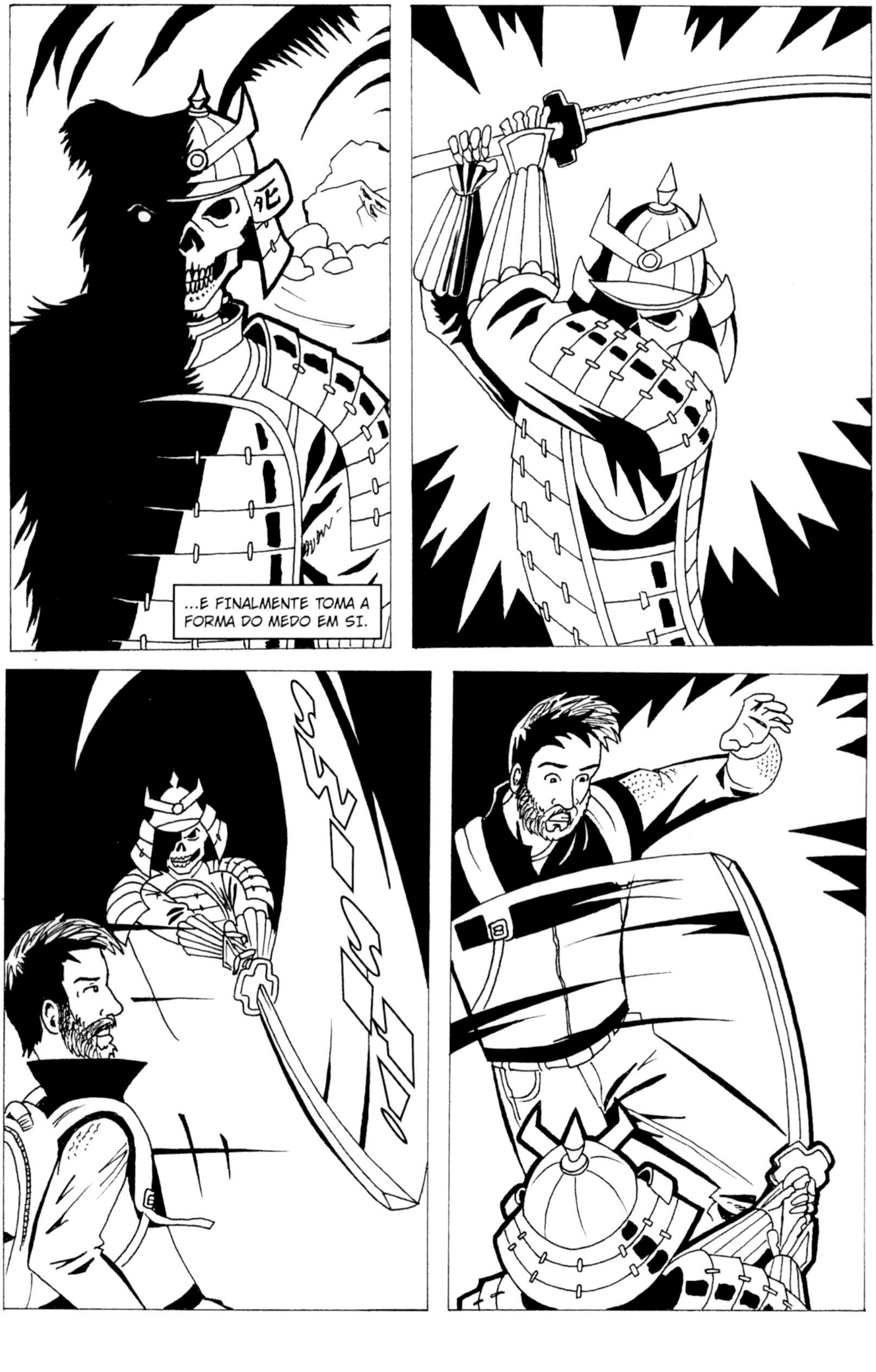
...E FINALMENTE TOMA A
FORMA DO MEDO EM SI.

DAN ESTÁ FERIDO E MOMENTANEAMENTE ATORDOADO...
MAS UMA ESPADA APARECE!

REPENTINAMENTE,
DAN PERCEBE...
THUNK!

TODO ESSE TEMPO, ELE LUTAVA APENAS CONTRA SI MESMO.
SHUNK!
POR TER A CORAGEM DE ENTERRAR SUA ESPADA, DAN VÊ SEU DEMÔNIO FAZER O MESMO.
ENQUANTO O DEMÔNIO SE DISSOLVE EM TREVAS, SUA ESPADA ABRE UM ABISMO COM QUE DAN JÁ HAVIA SONHADO.
RRRRRRRRUMBLE

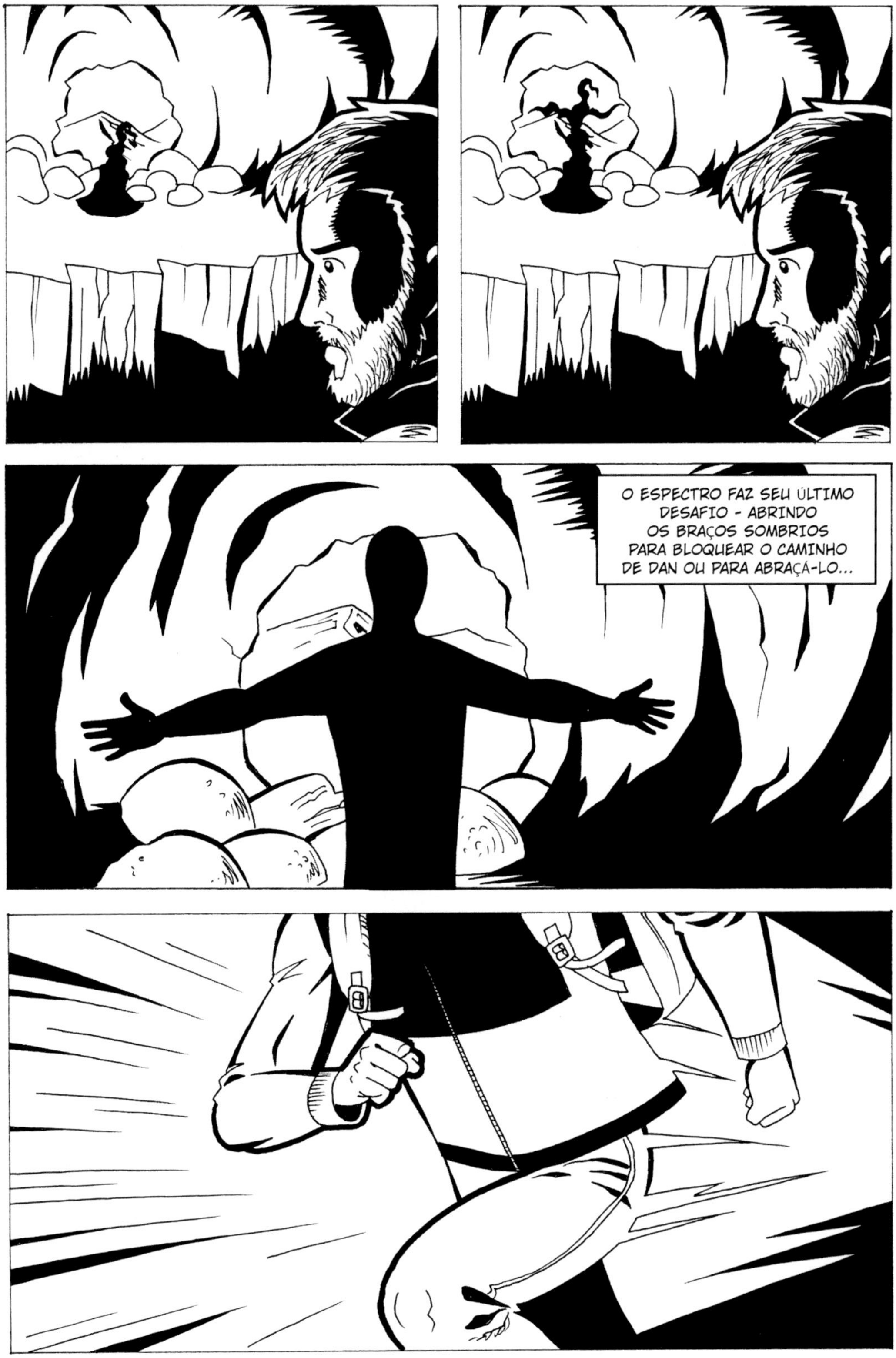
O ESPECTRO FAZ SEU ÚLTIMO DESAFIO - ABRINDO OS BRAÇOS SOMBRIOS PARA BLOQUEAR O CAMINHO DE DAN OU PARA ABRAÇÁ-LO...

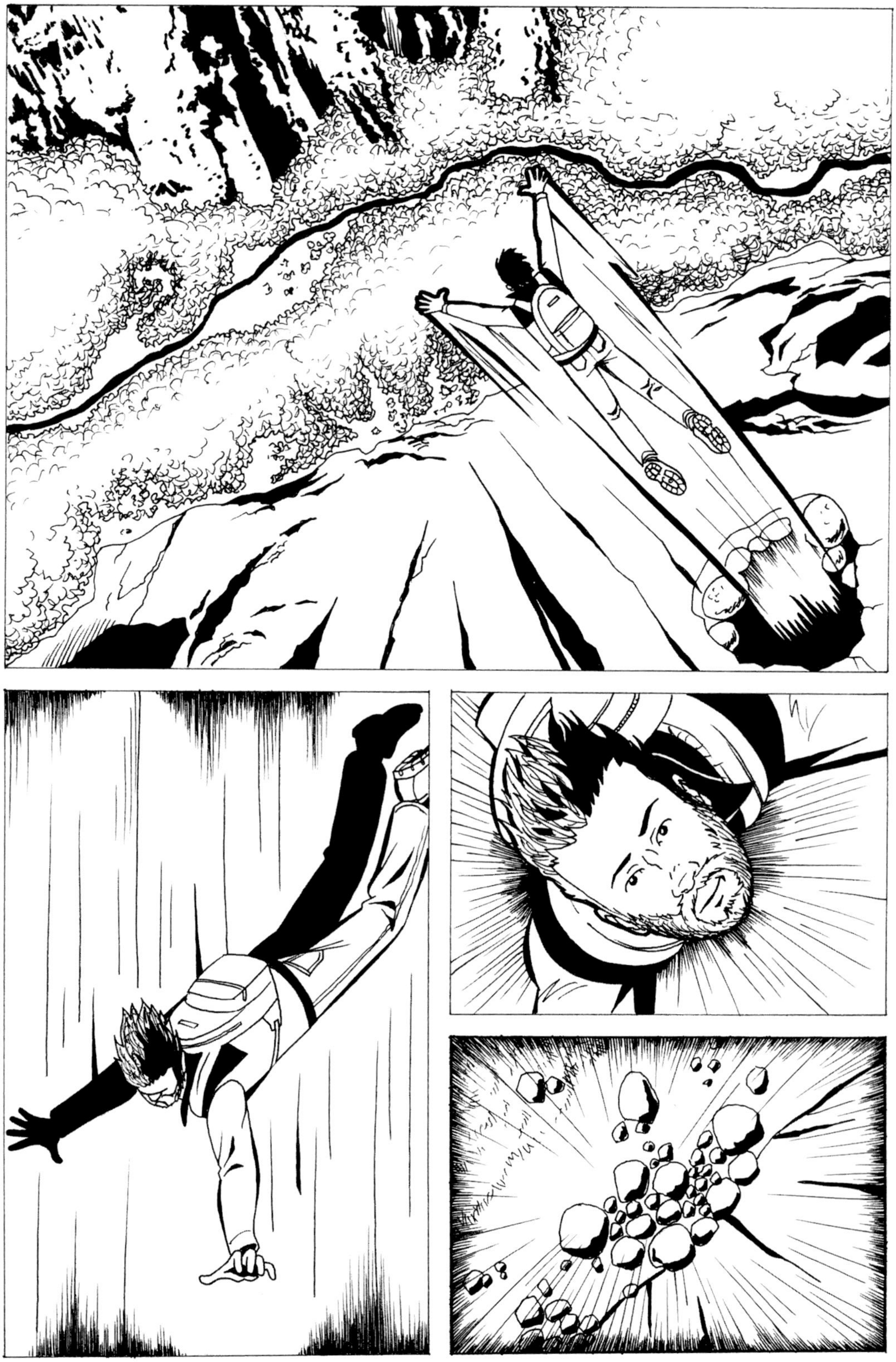

COM O PASSAR DAS ESTAÇÕES, O INVÓLUCRO QUE FORA DAN MILLMAN COMEÇA A SE DISSOLVER, UNINDO-SE À FLORESTA.
UM REBENTO BROTA DO SOLO FÉRTIL...

QUANDO A ÁGUIA VOA...
...O ESPIRITO DE DAN FAZ O MESMO.
AO SAIR DA CAVERNA, DEPOIS DE PASSAR PELO PORTAL DA VISÃO DE SUA MORTE E RENASCIMENTO, ELE VOLTA O OLHAR PARA OS CÉUS MAS VÊ APENAS A LUZ NO CENTRO DA CRIAÇÃO, ALÉM DA VIDA, ALÉM DA MORTE...

AO DESCER A MONTANHA, DAN SABE QUE UMA PARTE DELE, O EGO ISOLADO, MORREU.

MAS SE SENTE MAIS VIVO DO QUE NUNCA, ENCONTRANDO UM ENTENDIMENTO E UMA PAZ MAIORES QUE TUDO QUE JÁ CONHECERA.

BERKELEY, UM ANO DEPOIS...
The Original
The Original
BLÁ BLÁ BLÁ
BLÁ BLÁ
BLÁ BLÁ BLÁ
DAN SORRI, SERENO E DESAPEGADO.

NA COLLEGE AVENUE, DAN ABRIU UMA ESCOLINHA ONDE ENSINA GINÁSTICA E ALGUMAS COISAS MAIS...
ESCOLA DO MOVIMENTO
VOCÊS TODOS FORAM BEM HOJE.
LEMBREM-SE, POSTURA E RESPIRAÇÃO.
SIM, SR. MILLMAN.
TCHAU, PROFESSOR. ME DIVERTI BASTANTE HOJE.
QUE BOM, ANNIE. ATÉ A SEMANA QUE VEM.

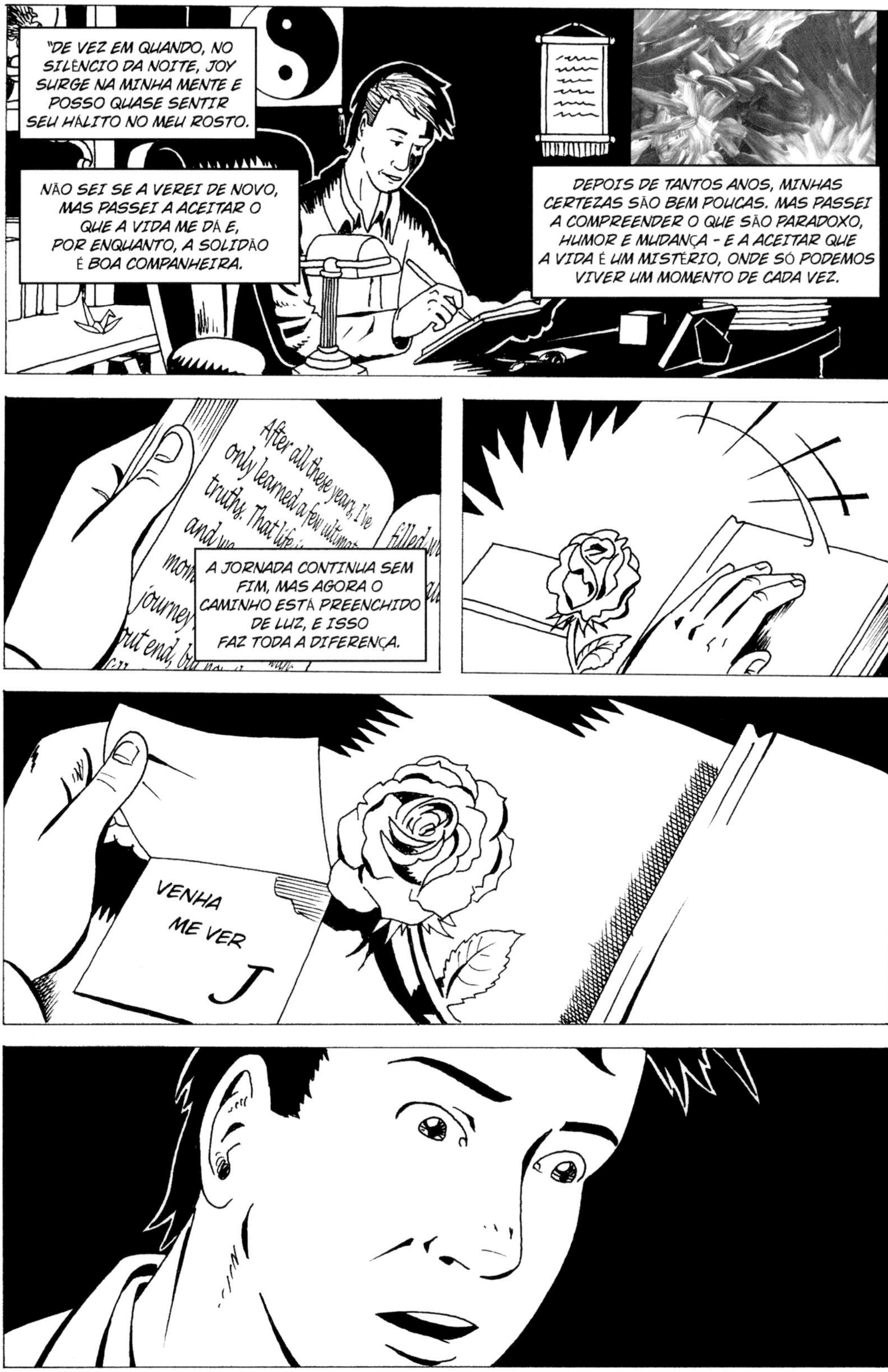
"DE VEZ EM QUANDO, NO SILÊNCIO DA NOITE, JOY SURGE NA MINHA MENTE E POSSO QUASE SENTIR SEU HÁLITO NO MEU ROSTO.
NÃO SEI SE A VEREI DE NOVO, MAS PASSEI A ACEITAR O QUE A VIDA ME DÁ E, POR ENQUANTO, A SOLIDÃO É BOA COMPANHEIRA.
DEPOIS DE TANTOS ANOS, MINHAS CERTEZAS SÃO BEM POUCAS. MAS PASSEI A COMPREENDER O QUE SÃO PARADOXO, HUMOR E MUDANÇA - E A ACEITAR QUE A VIDA É UM MISTÉRIO, ONDE SÓ PODEMOS VIVER UM MOMENTO DE CADA VEZ.
After all these years, I've
A JORNADA CONTINUA SEM FIM, MAS AGORA O CAMINHO ESTÁ PREENCHIDO DE LUZ, E ISSO FAZ TODA A DIFERENÇA.
VENHA ME VER
J

INA
OFICINA
EM BREVE:
MINI-MART

CONDENADO
EM BRE
MINI
RT
UMA POSSIBILIDADE SE REALIZA, UM NOVO FUTURO SE ABRE.
A MELHOR HORA É AGORA...

DE MANHÃ CEDO NO PARQUE TILDEN, EM BERKELEY.
EI, SÓCRATES. ESTOU CHAMANDO DE NOVO. ESTAMOS.
ESTAMOS JUNTOS COMO DEVERÍAMOS ESTAR. E AINDA SOU AQUELE ROMÂNTICO INCURÁVEL.
JUNTE-SE A NÓS, VELHO AMIGO, SE PUDER...
POR FAVOR, SÓCRATES...
ENQUANTO OBSERVAM SEUS REFLEXOS, FOLHAS CAEM NA ÁGUA...
E QUANDO AS ONDAS SE ACALMAM, VEEM O ROSTO DE SÓCRATES SORRINDO PARA ELES.
Guerreiro Pacífico Ltda.
Sócrates, às suas ordens.
Oferece:
Paradoxo, Humor e Mudança
– Felicidade –

ENQUANTO DAN E JOY CAMINHAM PELO PARQUE RUMO À SUA VIDA JUNTOS, VEEM UMA VELHA ÁGUIA EMPOLEIRADA NO ALTO, UMA ÁGUIA QUE DAN VIU MUITAS OUTRAS VEZES...
E, QUANDO A ÁGUIA VOA, DAN ENTENDE POR QUE SÓCRATES NÃO APARECERA, MAS APENAS LHES DERA UM SINAL.
PORQUE ELE NUNCA FORA EMBORA. APENAS MUDARA.

SE TORNARA A ÁRVORE ACIMA DE SUAS CABEÇAS...
...E A ÁGUIA, AS NUVENS E O VENTO.
SÓCRATES ESTAVA LÁ.
ESTAVA EM TODO LUGAR.

SOBRE O AUTOR

Dan Millman, ex-campeão mundial e técnico de ginástica, instrutor de artes marciais e professor universitário, escreveu o clássico *O Caminho do Guerreiro Pacífico* (adaptado para o cinema em 2006). Seus muitos livros, entre os quais *A Jornada Sagrada do Guerreiro Pacífico*, *A Sabedoria do Guerreiro Pacífico* e *As Jornadas de Sócrates* (todos publicados pela Editora Pensamento), tocaram as vidas de milhões de leitores em 29 línguas.

Dan dá palestras pelo mundo afora, apresentando novas maneiras – sempre realistas e praticáveis – de viver com um coração pacífico e um espírito guerreiro. Seus seminários influenciaram homens e mulheres de todos os estados de vida e condições sociais, inclusive profissionais de destaque nos campos da saúde, da psicologia, da educação, dos negócios, da política, do esporte, do entretenimento e das artes.

Mais detalhes em www.peacefulwarrior.com

SOBRE O ILUSTRADOR

Andrew Winegarner formou-se em artes visuais na Universidade da Califórnia, campus de Berkeley, em 2004. O desenho foi seu primeiro amor; sua técnica predileta é o bico de pena.

O Guerreiro Pacífico é a primeira história em quadrinhos de Andrew, mas ele já está trabalhando em muitas outras, entre as quais uma adaptação da *Epopeia de Gilgamesh*. Andrew mora na Califórnia e é professor de artes.

Mais detalhes em http://andrewwinegarner.deviantart.com